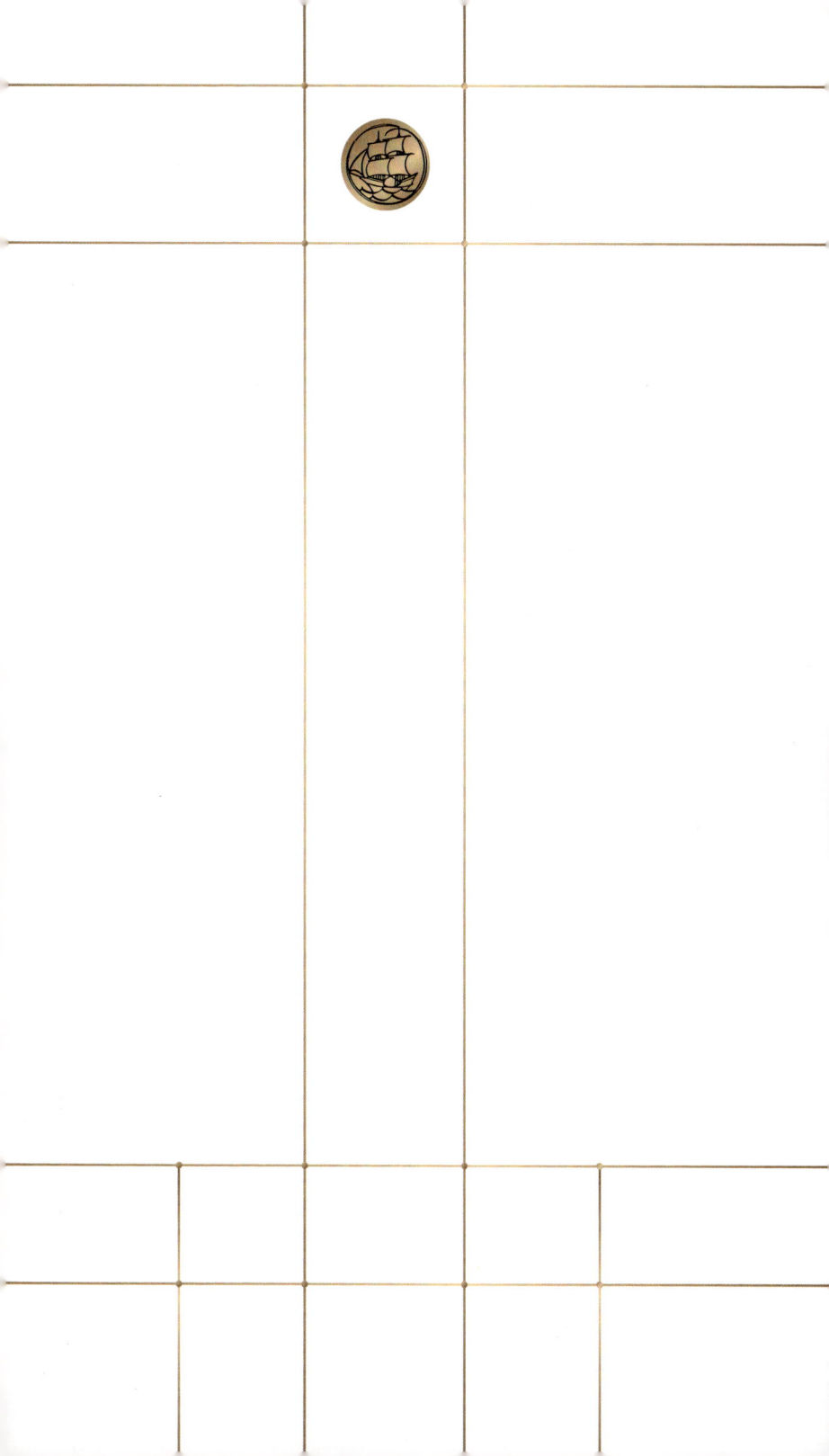

DIE SCHÖNSTEN SAGEN DER ANTIKE

NACHERZÄHLT
VON
MATTHIAS REINER

MIT ILLUSTRATIONEN
VON BURKHARD NEIE

INSEL VERLAG

Insel-Bücherei Nr. 2049

DIE SCHÖNSTEN SAGEN DER ANTIKE

INHALT

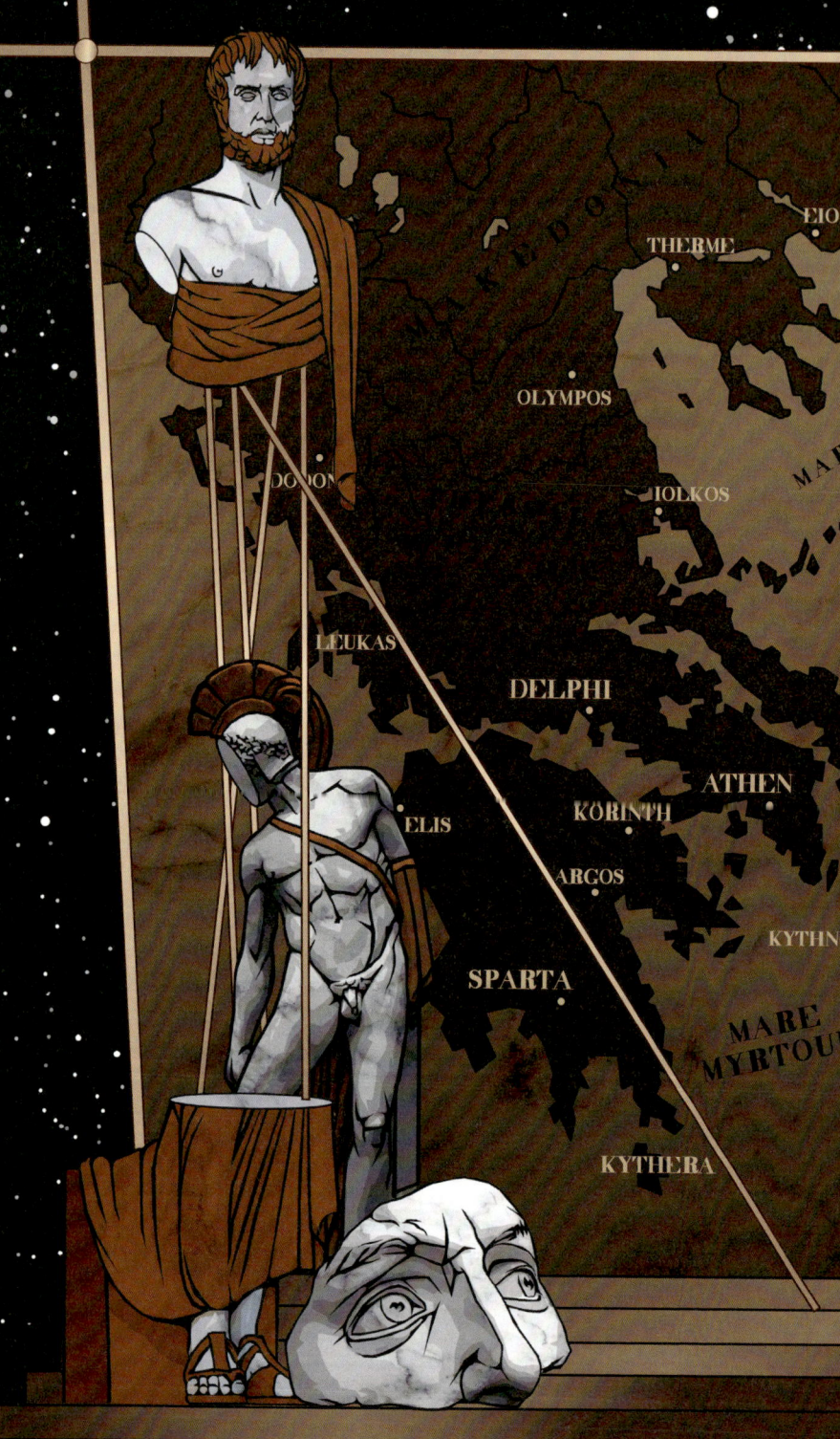

THRAKE

MARONEIA

SSOS

BOSPORUS

BYZANTION

PROPONTIS

ACIUM

IMBROS

LEMNAS

TROJA

PHRYGIA

LESBOS

PERGAMON

PSYRA

TANTALOS

CHIOS

KOLOPHON

AEGAEUM

IKARIA

MILET

MYLASA

DELOS

PAROS NAXOS

AMORGOS

KOS

ASTYPALAIA

THERA

TELOS

RHODOS

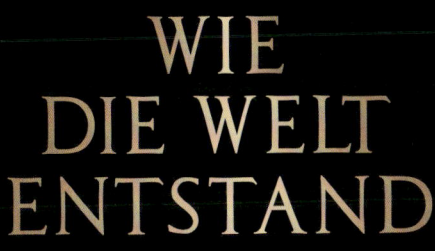

WIE DIE WELT ENTSTAND

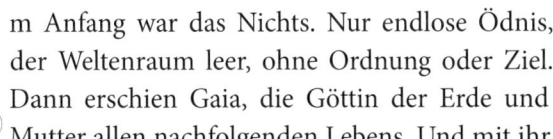

m Anfang war das Nichts. Nur endlose Ödnis, der Weltenraum leer, ohne Ordnung oder Ziel. Dann erschien Gaia, die Göttin der Erde und Mutter allen nachfolgenden Lebens. Und mit ihr das Liebesbegehren, die mächtigste der archaischen Kräfte: Eros. Hervor gingen nun Erebos, der Herr der Finsternis, und Nyx, die Göttin der Nacht. Ihr folgten der Aither, die lebensstiftende Luft des Himmels, und Hemera, die Personifikation des hellen Tages. Und die mächtige Gaia gebar aus sich selbst Uranos, den Gott des Himmels und der Sterne. Damit waren die Urgründe bereitet. Die Berge als ewiger Sitz der Götter bildeten sich und das unendliche Meer. Schließlich verband sich Gaia mit Uranos. Der Verbindung entspross Okeanos, der Gott der die Erde umschließenden Wasserströme, es folgten Thetis, Koios, Hyperion, Rheia, Iapetos, Kreios, Themis. Und Mnemosyne, die Göttin der Erinnerung und Mutter der Musen. Vielen weiteren Kindern schenkte Gaia noch das Leben, darunter auch den kreisäugigen Kyklopen, dies aber war das erste Geschlecht der Götter, sie wurden Titanen und Titaniden genannt.

Der Erdgöttin jüngster Sohn aber war der Titane Kronos. Seinen Vater Uranos hasste er von allem Anbeginn an. Denn der fürchtete seine Nachkommen, verbannte sie in den Tartaros, den Ort ewiger Finsternis in der Unterwelt. Die entsetzte Gaia sann auf Rache, schmiedete eine Sichel und bat die Kinder: »Ihr müsst mir helfen, der Gewalt eures Vaters ein Ende zu bereiten.« Einzig Kronos antwortete und versprach ihr: »Dies will ich gerne unternehmen, liebe Mutter, sagt mir nur, wie ich es anstellen muss.« Gaia, die den Kronos in ihrem Schoß vor dem Zugriff des furchtbaren Vaters verborgen gehalten hatte, enthüllte ihm ihren Plan. Als der wollüstige Uranos sich ihr wieder nähern wollte, ergriff Kronos die gezähnte Sichel und beraubte ihn seiner Manneskraft. Gaia aber fing die Blutstropfen auf und gebar aus ihnen die Erinnyen, die mitleidlosen Göttinnen der Rache, die Giganten, schuppige gewappnete Riesen, und die Meliaden, die geheimnisvollen Nymphen der Bäume.

Gewalt, Neid und Machtgier waren von nun an in der Welt. Uranos war entmachtet, Himmel und Erde getrennt, Kronos bestieg den vakanten Thron, vermählte sich mit Rhea. Doch auch er fürchtete seine Nachkommen, bangte um seine Alleinherrschaft. Und verschlang seine eigenen Kinder! Als Rhea erneut gebären sollte, zog sie sich auf die Insel Kreta in eine Höhle zurück und kam dort mit einem Jungen, Zeus, nieder. Ihn wollte sie fortan vor dem schrecklichen Zugriff des Kronos schützen. Dem Gatten übergab sie deshalb einen Feldstein, den sie sorgfältig mit Windeln umwickelt hatte. Kronos ergriff den vermeintlichen Säugling und verschlang ihn ohne Umschweife. Zeus aber wuchs, von seinem Vater unbehelligt, zum Mann heran. Metis, die kluge und kenntnisreiche Tochter des Okeanos, hatte ihm eine Brechwurzel verschafft, die dem Kronos unbemerkt in seiner Speise beigemengt wurde. Und das Mittel zeigte Wirkung: Kronos übergab sich, spuckte alle verschlungenen Kinder wieder aus. Angeführt von Zeus, begannen die Geschwister den Krieg gegen Kronos. Er sollte viele Jahre dauern und die Erde erbeben lassen. Erst als Zeus die Kyklopen aus dem Tartaros erlöste, entschied sich der Kampf mit den Titanen. Sie versahen Zeus mit dem todbringenden Blitzstrahl und dem Donnerkeil, Poseidon erhielt seinen unüberwindlichen Dreizack. Das neue Geschlecht überwand schließlich das alte und versammelte sich nach dem Sieg auf dem heiligen Berg Olympos. Hier sollte fortan der Sitz der Unsterblichen sein. Nur Zeus' Bruder Hades nahm zusammen mit seiner Gefährtin Persephone in der Unterwelt Platz.

Zeus war nun der mächtigste der Götter auf dem Olymp, seine Attribute waren der Adler und die Blitze, die er gegen seine Feinde schleuderte. Seine goldene Waage entschied über das Wohlergehen der Menschen. Über ihm thronte nur Moira, die unergründliche Schicksalsgöttin. Das heilige Tier Heras, der Gemahlin des Zeus, war der Pfau, Sinnbild ihrer Schönheit und ihres Selbstbewusstseins. Sie hatte reichlich Anlass, eifersüchtig zu sein und ein scharfes Auge auf ihren Gatten zu haben, denn Zeus, der Lüsterne, zeugte eine ganze Heerschar von Göttern und Halbgöttern mit anderen Frauen: mit Demeter die Persephone, mit Mnemosyne die neun Musen. Leto gebar ihm Apollon, den Gott der Weissagung, der Musik und der Heilkunst, und dessen Zwillingsschwester Artemis, Göttin des Mondes und der Jagd. Der Kriegsgott Ares und die rosenwangige Hebe, Göttin der Jugend, waren seine leiblichen Kinder mit der Gottesmutter Hera. Athene, die Göttin der Weisheit, entsprang Zeus' Schädel in voller Kriegsrüstung. Sie war die Erfinderische und Klügste, Schiffsbauerin, Spinnmeisterin, Heerführerin. Aus dem Schaum des Meeres geboren, war Aphrodite, zusammen mit ihrem Begleiter Eros, die Göttin der Liebe. Ihr verbunden in unglücklicher Liebe war Hephaistos, der rußige und hinkende Schmied und Feuergott. Er schuf den unvergleichlichen Wagen des Sonnengottes Helios und den berühmten Aigisschild von Pallas Athene. Zeus' Bruder Poseidon, der Gott der Meere, der Erdbeben und der Pferde, der mit seinem Dreizack die Geschicke der Weltmeere bestimmte, residierte wie Hades nicht auf dem Götterberg. Dionysos, Gott des Weines und der Fruchtbarkeit, führte mit seinen tanzenden Mänaden und Satyrn einen ganz eigenen Hofstaat, und Hermes, der Götterbote mit den geflügelten Sandalen, war der Beschützer der Kaufleute und Händler, aber auch der Diebe. Und schließlich saßen am Tisch der Götter, denen Hebe Ambrosia und Nektar ausschenkte, Hestia und Demeter, beide Schwestern des Zeus und Göttinnen des Herdes, der Familie, der Saaten und der Jahreszeiten.

Über alle Zeiten hinweg sind die Sagen dieser Götter, ihrer Kinder und Kindeskinder und ihre Erlebnisse und Auseinandersetzungen mit den Menschen erzählt und weitererzählt worden. Kenntnis davon haben wir allein durch den Gesang der Musen, den Schutzgöttinnen der Künste: Klio, Euterpe, Thalia, Melpomene, Terpsichore, Erato, Polyhymnia, Urania und Kalliope.

PROMETHEUS' VERGEHEN

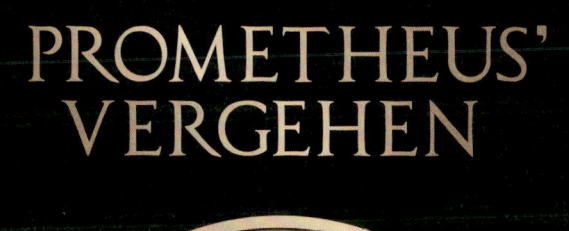

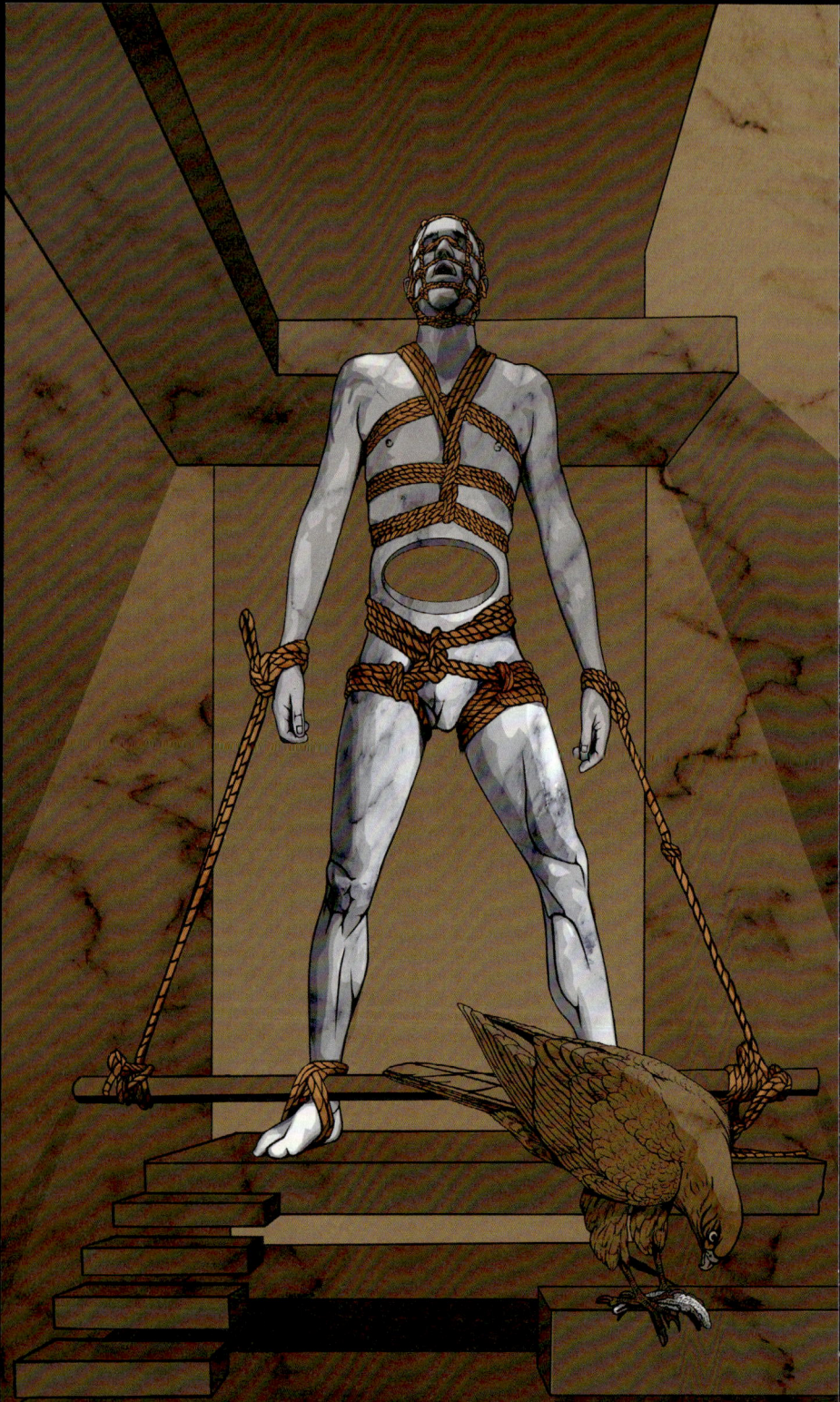

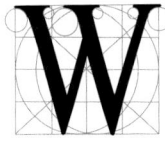as sollen wir den Göttern auf die Altäre legen, wenn wir ihnen unsere Tiere opfern?«, fragten die Menschen Prometheus. »Das Fleisch, das wir selbst zum Leben brauchen?« Prometheus, als Sohn des Titanen Iapetos dem göttlichen Herrschergeschlecht vor Zeus entstammend, antwortete nicht. Den Menschen wollte er ein Freund sein, er betrachtete sie als seine Geschöpfe. »Wir werden Zeus selbst auswählen lassen«, murmelte er dann und schlachtete einen prächtigen Stier. Die Fleischstücke legte er zusammen mit den Innereien unter den großen und unansehnlichen Rindermagen. Daneben schichtete er die Knochen des Stiers zu einem zweiten, viel höheren Stapel, bedeckte sie mit dem Fell und setzte obenauf das wertvolle Fett des Tieres. Zeus entschied sich, obgleich er den Täuschungsversuch des Prometheus durchschaut hatte, für die große Opfergabe mit den Gebeinen. Seither behielten die Menschen die besten Stücke des Schlachtopfers für sich. Daraufhin zürnte Zeus dem Prometheus. »Das soll nicht folgenlos bleiben«, dachte er, »einem Titanen darf man niemals trauen.« Er würde Prometheus und seinem Menschengeschlecht eine Strafe für die Versuchung der Götter auferlegen. Ohne Feuer würde ihr Leben beschwerlich sein, das Verfertigen von Waffen und Gerätschaften mühselig. Und die Zubereitung und Konservierung des Fleisches ihrer Tiere fast unmöglich. Er würde ihnen das Feuer vorenthalten.

Prometheus verging sich aber ein zweites Mal gegen die Götter, gehorchte Zeus' Willen nicht und stahl heimlich das Feuer. Er verbarg die Glut in einem Schilfrohr und brachte sie vom Olymp auf die Erde zu den Menschen. Zeus sah, wie aus den Hütten nun Rauch stieg, und sprach zu Prometheus: »Deine Strafe wird furchtbar sein, den Menschen habe ich anderes zugedacht. Sie werden den Tag noch verfluchen, an denen du ihnen das Feuer brachtest.« Und er gab seinem Sohn Hephaistos, der der beste Handwerker unter den Göttern war, zusammen mit seinen Helfern Kratos und Bia den Auftrag, Prometheus fest und unauflöslich an einen Felsen des unwirtlichen Kaukasusgebirges zu schmieden. Sein Leid sollte dort dauerhaft und mit unendlicher Tortur verbunden sein. Stehend würde er keinen Schlaf finden können, täglich solle ihn ein Adler, das Wappentier des Göttervaters, martern. Und erst Herakles würde ihn nach vielen Jahren befreien und von seinen Qualen erlösen können.

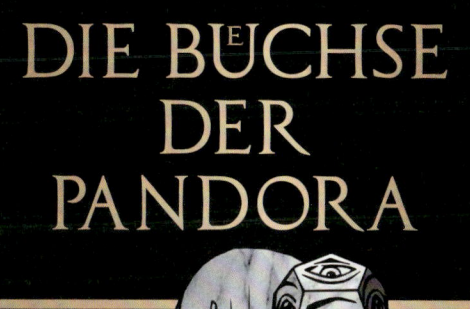

DIE BÜCHSE
DER
PANDORA

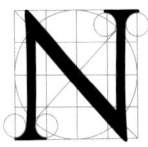N achdem Prometheus den Menschen ohne die Einwilligung der Götter das Feuer gebracht hatte und deren Rache zu spüren bekommen hatte, dachte Zeus darüber nach, wie er auch die Menschen dafür bestrafen könne, dass sie den Raub ohne den Segen des Olymps angenommen hatten. Schließlich bat er Hephaistos, den mächtigen Gott des Feuers und der Schmiedekunst, ein Gemisch aus Erde und Wasser anzurühren und aus dem Lehm eine Frauengestalt zu formen. Aphrodite selbst sollte ihm dafür Modell stehen. Als das plastische Bildwerk fertig war, hauchte ihm Zeus seinen göttlichen Atem ein und schuf aus der Lehmgestalt eine lebendige Frau aus Fleisch und Blut. Und er forderte alle Olympier auf, ihr ein besonderes Geschenk zu machen. Athene versah sie mit prächtiger Kleidung und mit irdischer Schönheit, lehrte sie spinnen, Apollon verlieh ihr die Gabe des Gesangs und des Lyraspiels, Hermes stiftete ihr die Fähigkeit der Rede- und Überredungskunst. Demeter zeigte ihr, wie man einen schönen Garten anlegt, Aphrodite unterwies sie in dem Umgang mit Männern, lehrte sie überdies die Kunst des Tanzes. Die Götter waren stolz auf dieses Idealbild einer Menschenfrau und nannten sie Pandora, die Allbeschenkte. An ihrer Seite trug sie ein goldenes Kästchen, das ihr Hermes überreicht hatte. Das aber solle sie unter keinen Umständen öffnen.

Schließlich führte sie Hermes herab vom Olymp zu Epimetheus, dem Bruder des Prometheus. Er möge sie zur Frau nehmen, Zeus selbst sende sie als Zeichen, dass er der Familie des Hochmütigen nicht zürne. Prometheus hatte seinen Bruder eindringlich davor gewarnt, Geschenke der Götter anzunehmen, aber Pandoras Liebreiz war groß und Epimetheus' Verstandeskräfte gering. Geblendet von Pandoras Schönheit, willigte er sofort ein, sie zu heiraten.

Pandora war glücklich. Sie konnte nun ihre Gaben einsetzen, war immer wieder erstaunt über die Vielfalt ihrer Fähigkeiten. Aber ihr war auch noch ein anderes Geschenk, von der Göttermutter Hera, zuteilgeworden: die Neugierde. Zu gerne hätte sie gewusst, was in dem geheimnisvollen Behältnis verschlossen war. War die Mahnung von Hermes, es nicht zu öffnen, wirklich ernst gemeint? Wie konnte man jemandem etwas schenken, das der Beschenkte gar nicht ansehen durfte? Schon von außen sah die Büchse kostbar aus, wie viel herrlicher und prächtiger musste ihr Inhalt sein? Pandora beschloss, das Kästchen wegzusperren, um nicht immer daran zu denken und in Versuchung geführt zu werden. Aber ihr Verlangen, endlich den geheimnisvollen Inhalt in Augenschein zu nehmen, wuchs dadurch nur noch mehr. Schließlich hielt sie es nicht länger aus, suchte den kleinen goldenen Schlüssel, den sie zusammen mit der Büchse erhalten hatte, und öffnete den Deckel. Sie schien leer zu sein, aber Pandora hörte ein gewaltiges Rauschen. Sie schloss das Kästchen hastig, aber es war schon zu spät. Alle Übel der Welt wie Krankheit, Mühe und Leiden waren der Büchse bereits entwichen und verbreiteten sich nun in Windeseile unter den Menschen. Nur die Hoffnung, die sich auch in dem Geschenk der Götter befunden hatte, hatte nicht rechtzeitig entweichen können, als Pandora den Deckel der Büchse zuwarf. Seit diesem Tag aber müssen die Menschen für Prometheus' Anmaßung büßen. All die Beschwernisse des Daseins, die sie vorher nicht gekannt hatten, waren nun in der Welt und sollten, solange die Menschen lebten, nicht mehr von ihrer Seite weichen. Der einzige Trost, die lebensspendende Hoffnung, sollte ihnen hingegen verwehrt bleiben.

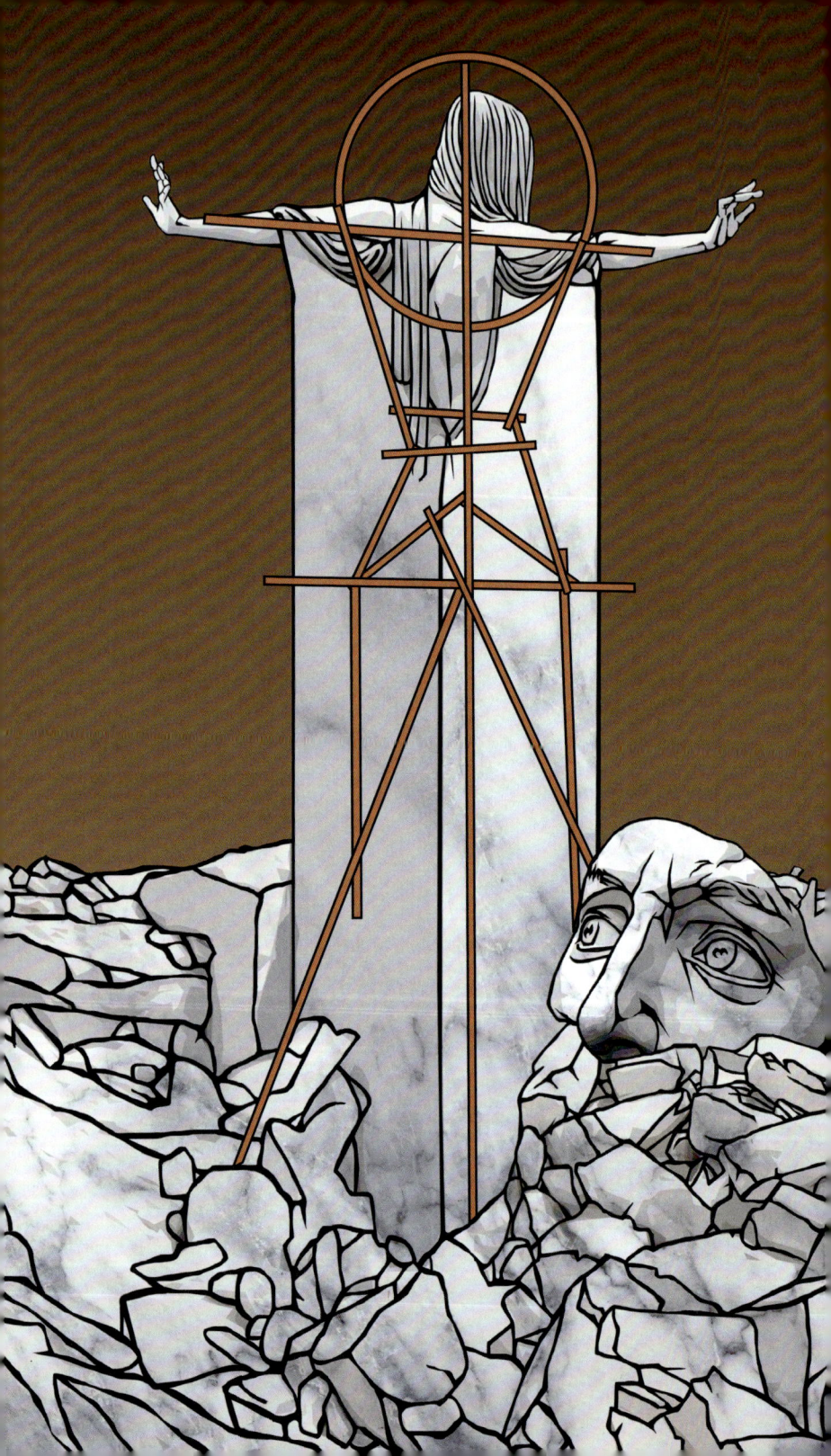

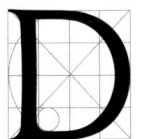ie Frauen hatten an Pygmalion eigentlich nichts auszusetzen. Aber er kam mit ihnen nicht zurecht. Kennengelernt hatte er schon viele, aber wirklich gefallen wollte ihm keine. Wie fand man eine Frau, mit der man das ganze Leben teilen konnte? Lag es an ihm selbst, dass er sie nicht finden konnte, oder doch an den Frauen, die er bisher getroffen hatte? Seinen Vorstellungen einer idealen Frau jedenfalls entsprach keine von ihnen.

Zypern war von jeher die Insel der Göttin Aphrodite, hier war sie schaumgeboren worden, hier stand ihr Heiligtum. Pygmalion war der König auf dieser schönen und großen Insel und Aphrodite, der Göttin der Liebe, brachte er seine Opfer dar. Keine Frau konnte es in seinen Augen an Schönheit mit ihr aufnehmen. Warum nur begegnete er im wirklichen Leben keiner, die ihr glich? Pygmalion war auch ein leidenschaftlicher Bildhauer und so begann er schließlich, über eine Skulptur eines weiblichen Wesens nachzudenken, das seinen Idealen nahekommen sollte. Die ersten Figurinen waren Holzarbeiten, er legte sie wieder zur Seite. Dann setzte er neu an und allmählich näherten sich die Schnitzarbeiten seinen Vorstellungen an. Pygmalion lächelte. Nun konnte man mit stabileren Materialien weiterarbeiten. In seiner Werkstatt stand ein großer Marmorblock aus Naxos. Oder war Stein doch zu kalt? Die Frau seiner Wunschvorstellung sollte einen gleichmäßigen, schön geformten Körper und ein lieblich anzuschauendes Antlitz haben. Elfenbein würde am Ende das geeignete Material dafür sein. Pygmalion verbrachte viele Stunden in seinem Atelier, immer wieder gab es noch etwas zu verbessern.

Schließlich war die Figur fertig, Pygmalion war glücklich und küsste sie. Nun brauchte sie noch schöne Kleider und goldenen Schmuck. Und in der Werkstatt konnte sie so kaum stehen bleiben, er würde sie mitnehmen in seinen Palast, am besten gleich in sein Schlafgemach. Ob es ihr dort auch gefallen würde? Pygmalion, daran konnte es nun keinen Zweifel mehr geben, hatte sich ernsthaft verliebt in Galatea. Dieser Name passte zu ihr, das spürte er. Nur sie allein konnte die Königin an seiner Seite werden. Wenn sie nur lebendig wäre! So zärtlich er sie auch behandelte, Galatea blieb starr, kühl und stumm. Pygmalion begab sich nun täglich zu Aphrodites Hain, um sie um ihren Beistand zu bitten, opferte ihr seine schönsten Lämmer. Eines Tages, es war der Festtag zu Ehren der Göttin, schien sie ihm ein Zeichen zu geben: »Kehre heim, Pygmalion, dein sehnlicher Wunsch ist erfüllt worden.« Und Pygmalion eilte zurück zur Königsburg. Tatsächlich, die Frau aus Elfenbein war zum Leben erwacht, in seinen Armen spürte er nun ihren warmen Körper. Menschliches Blut schien in ihren Adern zu fließen, sie atmete. Pygmalions Glück war vollkommen. Zur Hochzeit überreichte Aphrodite den beiden wertvolle Geschenke, versprach ihnen ein langes Leben und viele Kinder. Nachts lag Pygmalion oft lange wach: War dies ein Traum oder Wirklichkeit?

TANTALOS' QUALEN

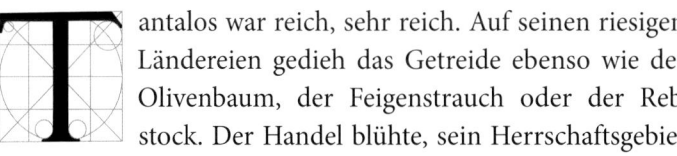

antalos war reich, sehr reich. Auf seinen riesigen Ländereien gedieh das Getreide ebenso wie der Olivenbaum, der Feigenstrauch oder der Rebstock. Der Handel blühte, sein Herrschaftsgebiet lag günstig in der weiten und fruchtbaren Landschaft Westanatoliens. Man brauchte viele Tagesreisen, um von einer zur anderen Grenze seines Staates zu gelangen. Er war der unumschränkte König von Lydien und – darauf legte er besonderen Wert – sein leiblicher Vater war Zeus selbst. Der blickte mit Wohlwollen auf seinen Sohn, erlaubte ihm sogar, ihn am Sitz der Götter zu besuchen und an ihren Gesprächen und Feiern teilzunehmen. All diese Privilegien schienen Tantalos aber mit der Zeit zu Kopfe gestiegen zu sein. Ob man nicht auch die Götter in Versuchung führen könne? Und was nutzten ihm alle Vorrechte und olympischen Gastmähler, wenn er vor den Menschen nicht damit prahlen konnte?

Bei einem der opulenten Bankette stahl er Nektar und Ambrosia von der Tafel der Götter, verbarg sie unter seinem Gewand und zeigte die Götterspeisen nach seiner Rückkehr seinen Gefolgsleuten und Untertanen in der Königsburg. Er brüstete sich mit seinen Kenntnissen aus den vertraulichen Unterhaltungen und Plänen der Olympier. Kurz, er tat alles, um seinem Volk vorzugaukeln, er sei selbst ein Gott. Aber dieser Frevel reichte ihm nicht aus. Man müsste die Götter täuschen können, um auch ihre Fehlbarkeit sichtbar zu machen … Sein Größenwahn ging schließlich so weit, dass er die Götter zu einem Gastmahl einlud und ihnen, neben anderen Speisen, auch den Leib seines jüngsten Sohnes Pelops als Wildbret getarnt vorsetzte. Wenn sie den Schwindel bemerkten, würden sie ihn sicher wieder lebendig machen, und wenn nicht, dann hätte er endlich den Beweis in den Händen, dass es mit der vielgepriesenen Allwissenheit der Götter nicht weit her wäre.

Den Diebstahl an ihrer Tafel hatten die Götter längst bemerkt, aber nur verstimmt dazu geschwiegen. Dieser perverse Frevel sollte jedoch nicht ungesühnt bleiben. Bei dem Gastmahl bediente sich nur die in Gedanken versunkene Persephone von dem Fleisch des Jünglings, die anderen durchschauten sofort sein lästerliches Tun. Tantalos hatte recht gehabt, sie riefen Pelops zurück ins Leben, die Schulter, von der Persephone gekostet hatte, ersetzten sie durch Elfenbein. Die nachfolgende Strafe der Götter aber war entsetzlich und ohne Beispiel. Tantalos wurde tief hinunter in den Tartaros gestoßen. Hier sollte er fortan in einem Wasser stehen, aber niemals seinen Durst löschen können. Sobald er sich herabbeugte, sank der Wasserspiegel außerhalb seiner Reichweite. Rings um ihn wuchsen herrliche Obstbäume, deren Früchte direkt vor ihm hingen. Wenn er aber danach zu greifen versuchte, so wichen auch sie zurück. Und über ihm hing über einem Felsvorsprung ein riesiger Steinbrocken, der bedenklich wankte und drohte auf ihn zu stürzen und seinen Leib zu zerschmettern. So sollte er gleichzeitig die Qualen des Dursts, des Hungers und der Angst verspüren, keinen Augenblick seines jämmerlichen Lebens mehr zur Ruhe kommen. Und der Zorn der Götter würde auch in den kommenden Generationen des Tantaliden-Geschlechts nicht zur Ruhe kommen. Furchtbare Schicksale waren auch seinen Kindern und Kindeskindern beschieden, erst mit Agamemnons Sohn Orest endete die Kraft des Fluches.

AKTÄON
UND DIE
NACKTE
GÖTTIN

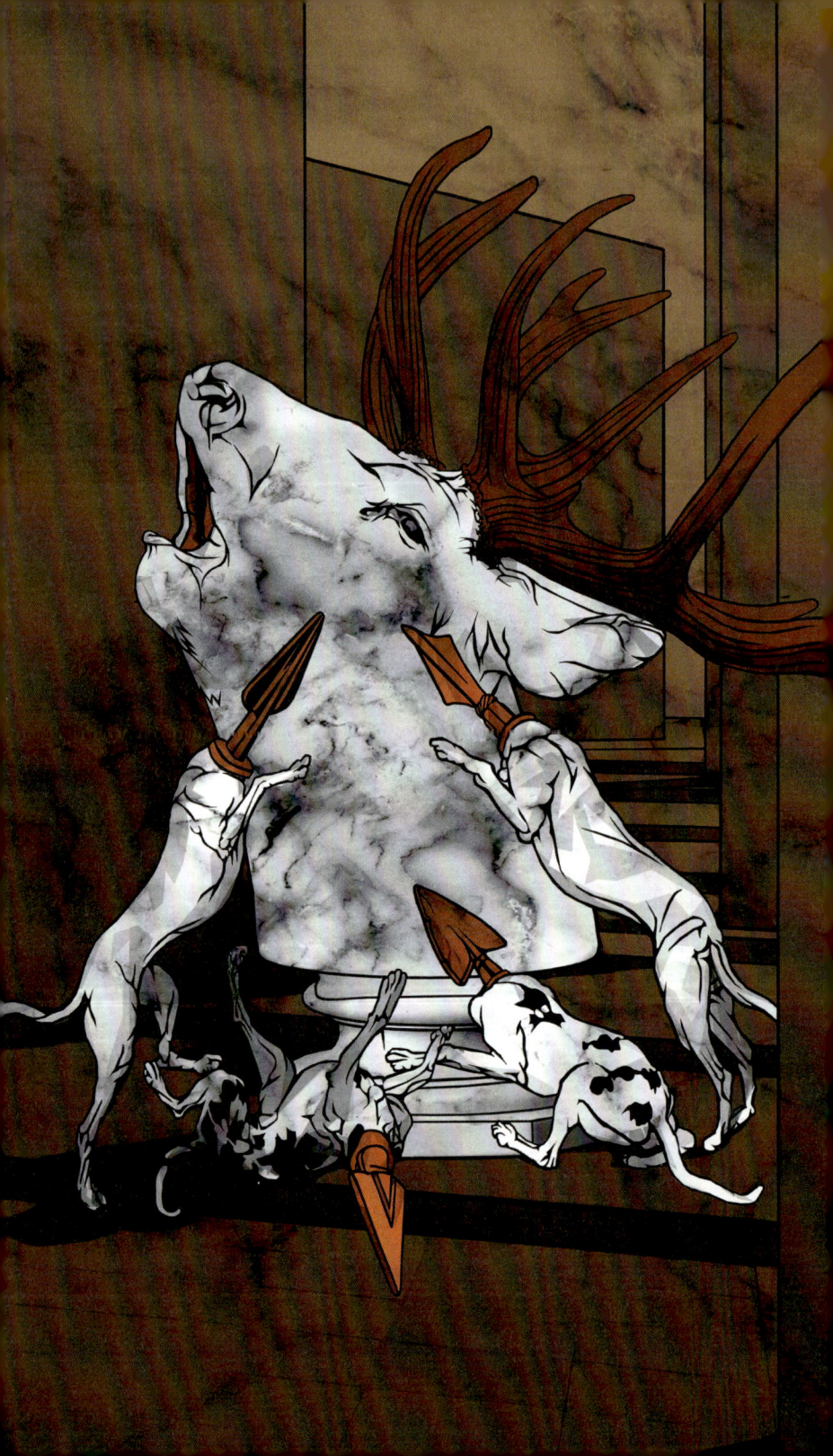

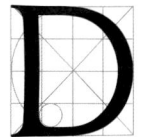ie Jagd war lang und blutig gewesen, aber am Ende erfolgreich verlaufen. Aktäon, der Enkel des legendären thebanischen Königs Kadmos, rief seine Gefährten auf, nun – in der heißesten Mittagsstunde – die Waffen endlich ruhen zu lassen. »Das Waidwerk ist vollbracht, versorgt nun das erlegte Wild und kümmert euch um die Hunde.« Und er ließ seine Jagdgenossen auf der Lichtung zurück, um nach einem schattigen Platz zu suchen, um sich auszuruhen.

Er gelangte zu einem dicht mit Zypressen bestandenen Hain, in dessen unmittelbarer Nähe ein Quell entsprang, der sich zu einem kühlen See vor einer kleinen Grotte des Wäldchens staute. An dieser ihr geweihten Stätte hatte sich Artemis, die Schutzgöttin des Waldes und der Jagd, mit ihren Dienerinnen eingefunden, um ein erfrischendes Bad zu nehmen. Die Nymphen hatten ihr die Sandalen und das Kleid gelöst, benetzten sie mit dem kühlen Wasser des Sees und ordneten ihr langes, seidiges Haar. Aktäon vernahm nur leise Stimmen, auf dem Waldboden lagen Frauenkleider. Wohin war er geraten, wer versteckte sich hier? Neugierig schritt er weiter voran, bog um eine Ecke und stand wie geblendet. Die Gefährtinnen der Göttin schrien entsetzt auf, traten schützend vor Artemis, um dem fremden Mann die Sicht zu verdecken, aber Aktäon überragte sie um mehr als Haupteslänge. Nun hätte er rasch seine Augen bedecken und fliehen können, denn die entblößte Frau mit dem überirdisch schönen Körper konnte niemand anderes sein als Artemis selbst. Aber er wich nicht von der Stelle, stand mit offenem Mund vor ihr, konnte den Blick wie unter einem Zwang nicht abwenden. Da beugte sich Artemis nach vorne, bespritzte den erstarrten Jüngling mit dem Quellwasser und sagte spöttisch: »Nun magst du dein Erlebnis deinen Gefährten weitererzählen.«

Aktäon stürzte verwirrt davon. Sein Körper schien ihm

nicht mehr wie gewohnt zu gehorchen, es war, als ginge eine Veränderung an ihm vor! Vor allem sein Kopf schmerzte, ein ihm unbekanntes Gewicht lastete schwer auf seiner Stirn. Was geschah mit ihm? Erst als er an einem Bach anhielt, um seinen unbändigen Durst zu löschen, sah er ein Spiegelbild, sein Spiegelbild! Die magischen Worte der Göttin hatten ihn in einen Hirsch verwandelt, seine Haut war von einem Fell überzogen, sein Haupt krönte ein mächtiges Geweih und er stöhnte: »Weh mir, Verdammtem!« Während er noch verzweifelt überlegte, was er nun tun solle, hörte er schon die Jagdgesellschaft – und die Hundemeute. Schnell rief er aus: »Ich bin es, Aktäon.« Doch bloß ein schwaches Röhren entwich seiner Kehle. Noch schneller hatten ihn die Hunde gestellt und fielen von allen Seiten über ihn her, angefeuert von seinen Gefährten: »Schade, dass unser Anführer nicht unter uns weilt, er würde sich über unser unerwartetes Jagdglück freuen!« Aktäon aber verblutete, zugerichtet von der hetzenden Meute und durchbohrt von den Speeren seiner eigenen Freunde.

NIOBES
E
TRÄNEN

och härter traf Königin Niobe der Zorn der Göt-
ter. Dabei schien es das Schicksal zunächst sehr
gut mit ihr zu meinen. Die Tochter des Tantalos war Herrscherin über das mächtige Theben,
ihr Gatte der herrliche Amphion, der die unüberwindbare,
siebentorige Mauer rings um die Stadt mit seiner verzauber-
ten Lyra hatte emporwachsen lassen. Der Verbindung mit ihm
waren nicht weniger als vierzehn blühende Kinder entsprossen,
sieben Mädchen und sieben Jungen. Niobe wurde nie müde,
diese stolze Kinderschar zu preisen. Ihre Lobeshymnen gingen
dabei weit über den üblichen Mutterstolz hinaus ...

Es war an einem Feiertag. Die greise, hochgeachtete Seherin
Manto rief die Thebanerinnen dazu auf, der Göttin Leto, der
Mutter von Artemis und Apollon, zu huldigen. Alle Einwoh-
nerinnen sollten sich festlich schmücken und ihr, eine jede
nach ihren Verhältnissen, Opfer darbringen. Als dieser Ritus
Niobe zu Ohren kam, rief sie der versammelten Festgemein-
de zu: »Was soll dieser Unfug? Wer ist diese Göttin, kennt ihr
sie, seid ihr ihr schon einmal begegnet? Ich bin die Königin
von Theben, bin aus Fleisch und Blut, mein Vater ist Tantalos,
er saß am Tisch der Götter!« Betroffen schwiegen die Frauen,
entsetzt über die anmaßenden und lästerlichen Worte. Aber
Niobe fuhr fort: »Mir ist ganz Phrygien untertan, mein ma-
terieller Reichtum ist unermesslich, aber, und das zählt noch
mehr, ich habe wundervolle Kinder. Leto hat zweien das Leben
geschenkt, mir sind sieben Mal so viele Kinder zuteilgeworden.
Lasst ab von diesem unsinnigen Kult um Leto und geht wieder
nach Hause!«

Furchtbar aber waren die Folgen von Niobes Reden. Weinend berichtete Leto ihren Kindern von ihrer Demütigung:
»Auch euch hat sie durch den Vergleich mit ihren sterblichen
Kindern herabgesetzt.« Artemis und Apollon schworen unverzüglich Rache, hüllten sich in Gewitterwolken und schweb-

ten herab vom Olymp. Auf einem Kampfplatz vor den Toren Thebens waren alle sieben Söhne der Niobe zugegen, maßen ihre Kräfte im sportlichen Wettkampf auf dem freien Feld. Unbarmherzig richtete der unsichtbare Apollon einen nach dem anderen mit seinen tödlichen Pfeilen hin. Niobe wollte die Nachricht zunächst nicht glauben, als sie von einem Boten überbracht wurde. Alle Söhne sollten tot sein, dahingemeuchelt in der Blüte ihrer Jugend? Aber selbst die Trauer und das Entsetzen ließen sie nicht zur Besinnung kommen, nein, sie setzte ihre törichte Prahlerei fort: »Auch in der Stunde des entsetzlichen Schmerzes bleiben mir meine sieben Töchter, mit ihnen allein stehe ich als Mutter immer noch siebenfach über Leto.« Und so nahm das Strafgericht der Götterkinder ohne Erbarmen seinen Fortgang. Der Pfeilregen tötete nun Tochter um Tochter. »Lasst mir wenigstens eine, die Jüngste!«, schrie die Königin mit dem Kind im Arm. Aber auch dieses Kind traf Artemis' tödliches Geschoss und Blut benetzte das Gewand der Mutter. Nun war kein Lachen mehr zu hören, aber auch kein Wehgeschrei der Mutter, eine Stille des Entsetzens trat ein. Niobe war buchstäblich im Schmerz erstarrt, ihr Körper versteinert. Ein Wind, von den Göttern befohlen, kam auf und trug den petrifizierten Leib der Königin zurück in Niobes Heimat Lydien. Im Sipylos, einem Gebirgsmassiv nördlich von Izmir, kann man das Felsrelief von Manisa bestaunen. Niobes Tränen rinnen dort noch immer.

PHAETHON
UND DER
SONNENWAGEN

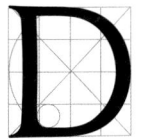ie Residenz des Herrschers war einzigartig. Die Burg erhob sich auf goldenen Säulen, die aus gewaltigen Lichtbündeln zu bestehen schienen. Silberne Nebel dampften aus der gewaltigen Eingangshalle, elfenbeinfarben schimmerte der Giebel des Portikus. Phaëton stand wie geblendet davor. Hielt hier sein Vater, der allmächtige Sonnengott Helios, Hof?

Er war in Ägypten geboren worden, seine Mutter Klymene, die Tochter des Okeanos, hatte ihn zusammen mit dem eitlen Epaphos aufgezogen. Mit diesem Stiefbruder war er nicht gut ausgekommen. Epaphos, der der Verbindung von Zeus mit Io entstammte, hatte keine Gelegenheit ausgelassen, mit seiner Herkunft anzugeben, und ihn, den scheinbar Vaterlosen, immer wieder verspottet: »Du behauptest, ein Göttersohn zu sein, du Aufschneider, das glaubt dir hier niemand!« Phaëton würdigte ihn keiner Antwort und schwor sich, dass bald der Tag kommen werde, an dem er es Epaphos heimzahlen werde. Zornig eilte er heim und bedrängte seine Mutter Klymene, ihm endlich zu sagen, wer sein Vater sei. Wieder wollte sie, wie schon hunderte Male vorher, Ausflüchte bemühen, ihn hinhalten. Er aber ließ nicht locker, schließlich rief sie, dem Drängen ihres Sohnes nachgebend: »Dich zeugte kein anderer als Helios, der Herr des Sonnenwagens.«

Und so wartete Phaëton nun vor dem Palast darauf, dass ihn Helios empfangen und sich zu ihm bekennen möge. Nach langem Warten wurde er endlich vorgelassen. Der Lichtumkränzte inmitten seines Gefolges fragte: »Was führt dich hierher, was willst du in meiner Himmelsburg?« »Ich werde ob meiner Herkunft verspottet, kannst du mir bitte ein Zeichen geben, dass ich mich ihrer nicht zu schämen brauche? Bist du mein leiblicher Vater?« Helios nickte von seinem Sonnenthron herab: »Mein Sohn, es ist wahr. Gerne kannst du einen Wunsch äußern, ich schwöre beim Styx, dass ich ihn dir erfüllen werde!«

Phaëton antwortete, ohne einen Moment zu zögern: »So will ich deinen Sonnenwagen lenken und allen damit zeigen, dass ich göttlichen Herkommens bin.« Sein Vater erschrak: »Das kann kein Irdischer bewältigen, mein Sohn, wünsche dir etwas Anderes, du stürzt dich sonst nur ins Unglück.« Aber sein Besucher mochte den väterlichen Rat nicht annehmen: »Ich werde diese Aufgabe bewältigen und du hast einen Schwur getan, halte dich an das gegebene Wort.«

Helios bereute seine vorschnelle Zusage, versuchte nochmals, Phaëton von der Unmöglichkeit seines Ansinnens zu überzeugen: »Nur ich selbst kann diesen gewaltigen Himmelswagen lenken.« Aber Phaëton blieb stur, beharrte auf der gemachten Zusage. Schließlich sagte Helios: »Dann sei es so! Bedenke aber, dass es zunächst ein steiler Aufstieg und die Kraft der Pferde ungeheuerlich ist. Hast du den Mittagsbogen erreicht, so halte unbedingt die Mitte! Gerätst du unversehens nach oben, so brennt der Himmel, kommst du zu tief, so wird der Brand auf der Erde alles auslöschen.« Und er führte seinen Sohn zu dem goldenen Gefährt, einem Geschenk von Hephaistos. Er hob ihn auf den Wagen, reichte ihm das Geschirr. Eos, die Göttin der Morgenröte, verließ wortlos den Schauplatz. Die vier feurigen Hengste, die das Fuhrwerk zogen, spürten sogleich, dass ein geringeres Gewicht auf dem Joch lastete als sonst, wenn der Sonnengott selbst den Wagen steuerte. Diese unerwartete Freiheit nutzen sie aus, und mit unbändiger Kraft zogen sie das göttliche Gefährt empor. Phaëton versuchte, den Sonnenwagen wieder auf Kurs zu bringen, seine Kräfte reichten dazu aber bei weitem nicht aus, er spürte nun körperlich die Vermessenheit seines Vorhabens und starrte entsetzt in die Tiefe: »Oh, hätte ich doch meine Finger von den Rossen meines Vaters gelassen!« Aber die wilde Jagd ging nun erst richtig los, neben ihm verpufften Wolken in der Hitze des glühenden Wagens, jäh ging die Fahrt plötzlich steil hinab und der Wagen zog

eine Brandwalze hinter sich her, die vormals arkadische Landschaften in Aschewüsten verwandelte. Schließlich erreichten die Flammen auch Phaëton, setzten seine Kleider in Brand, die Hitze und die Schmerzen lähmten ihn, der Wagen entglitt endgültig seinen Händen, er stürzte wie eine Sternschnuppe hernieder. Helios verhüllte schmerzerfüllt sein Antlitz. An diesem und am folgenden Tage ging die Sonne nicht auf.

EUROPA
UND DER
STIER

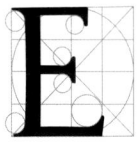uropa träumte. Zwei Frauen stritten um sie, wollten sie an sich ziehen, in Besitz nehmen. Die eine sah fremdartig und hellhäutig aus, die andere hingegen glich den Frauen, die sie aus dem Land ihres Vaters, des mächtigen Königs Agenor von Phönizien, kannte. Aber die fremde Frau behielt die Oberhand: »Folge mir, du bist Gottvater Zeus versprochen, dein Name soll unsterblich werden.« Die junge Frau erhob sich schweißgebadet von ihrer Schlafstatt. Was hatte der Traum zu bedeuten? Enthielt er eine wichtige Botschaft, warum in aller Welt sollte sie »unsterblich« werden?

Aber als sich Eos, die Morgenröte, am Himmel zeigte, beschloss sie, ihre Freundinnen zu rufen, ans Meer zu gehen und den Alptraum zu vergessen. Der Palast ihres Vaters lag in Sidon, zwischen Tyros und Beirut, direkt an der levantinischen Küste, mit herrlichem Blick auf das Phönizische Meer. Auf dem Weg dorthin pflückte sie mit den anderen Mädchen Blumen, sie flochten daraus Kränze und tanzten dann ausgelassen am Meer. Als sie, vom Spielen und Toben erschöpft, einen Schattenplatz suchten, sahen sie von Ferne Agenors Herden, die zum Weiden auf die Salzwiesen getrieben wurden. Mitten unter den Rindern aber befand sich ein Tier, das sie niemals zuvor gesehen hatten. Ein großer und kräftiger Stier mit zierlichen Hörnern und goldgelbem Fell präsentierte sich dort, er schien ein fremdartiges Brandzeichen zu tragen, es zeigte eine silberne Mondsichel, die wie aufgestickt wirkte. Als sie näher traten, um das fremde Tier genauer zu betrachten, zeigte es sich überraschend zahm, ließ sich füttern und streicheln und legte sich schließlich zu Füßen der Königstochter nieder. Europa sagte zu ihren Freundinnen: »Es sieht so lieb aus, wir können sicher auf seinem Rücken sitzen.« Sie schmückten den Stier mit ihren Kränzen und halfen Europa aufzusteigen. Im gleichen Moment erhob sich der Stier und begann zu traben. Erst langsam und vorsichtig, dann immer schneller und schneller. Die Freundinnen schrien, aber der Stier kehrte nicht um. Als er das Ufer erreicht hatte, sprang er mit einem gewaltigen Satz ins Meer und schwamm mit seiner Reiterin davon. Europa glaubte, wieder zu träumen. Aber dieser Tagtraum schien kein Ende zu nehmen. Sie hielt sich an den Hörnern des seltsamen Wunderwesens fest, ihr Gewand bauschte sich wie ein Segel, kein Wassertropfen benetzte ihre Kleidung. Der Stier schien keine Erschöpfung zu kennen, schwamm den ganzen Tag und die darauffolgende Nacht, bis im Morgengrauen eine Küste in Sicht kam. Dort setzte er sie behutsam ab und verschwand. Europa weinte. Was sollte das alles bedeuten? Warum war sie aus ihrer Heimat entführt, von ihrer Familie und ihren Freunden getrennt worden? Da trat unvermittelt ein Mann hinter den Bäumen hervor, erklärte, dass er der Herrscher auf dieser Insel sei, er sie hierher nach Kreta gebracht habe, weil er sie begehre. Er wolle für ihr Wohl sorgen, wenn sie einwillige, seine Liebe zu erwidern. Es wird mir kaum etwas anderes übrigbleiben, dachte Europa, ich bin ihm, fern meiner Heimat, schutz- und machtlos ausgeliefert. Aber sie bat sich Bedenkzeit aus und sank erschöpft in tiefen Schlaf.

Als sie am nächsten Morgen erwachte, war Europa entschlossen zu sterben. Lieber ins Meer stürzen und darin umkommen, als hier als Zweitfrau und Sklavin eines Barbarenherrschers zu enden! Da erschien ihr die Göttin Aphrodite und sprach: »Nimm Abstand von deinen frevelhaften Gedanken! Zeus selbst war es, der dich raubte. Und ich habe dir die Träume nach Phönizien gesandt, um dich vorzubereiten. Du wirst ein großes und einflussreiches Geschlecht begründen und die Weltgegend, in die du geführt wurdest, wird dereinst selbst Europa heißen, dein Name wird unsterblich werden.«

DER STURZ
DES
IKAROS

Daidalos war der kunstfertigste Mann seiner Zeit, in allen Ländern rühmte man seine Werke. Er entstammte einem attischen Königsgeschlecht und lebte in Athen, war nicht nur handwerklich geschickt, sondern auch ein begnadeter Erfinder. Sogar als Architekt und Bildhauer trat er in Erscheinung. Wäre es ihm nur gelungen, auch seine Eifersucht und Eitelkeit im Zaum zu halten! Seine Schwester hatte ihm ihren Sohn Perdix in die Lehre gegeben, damit er seinem Onkel nacheifere. Und der Junge erwies sich nicht nur als fleißig und lernwillig, sondern zeigte selbst erfinderisches Genie. Nur durch Anschauung der Natur schuf Perdix die Töpferscheibe, die Säge, den Zirkel und andere Werkzeuge. Daidalos wurde gewahr, dass diese überdurchschnittlichen Begabungen seines Neffen nicht lange unentdeckt bleiben und unweigerlich seinen eigenen Ruhm schmälern würden. Die Angst vor dem eigenen Ansehensverlust und der Neid auf Perdix ergriffen mehr und mehr Besitz von ihm. Schließlich   vor Eifersucht wie von Sinnen – beschloss er, seinen ahnungslosen Neffen zu töten. Er lockte ihn zu einem Ausflug auf die Akropolis und stieß ihn, ganz oben auf der Burg angelangt, in die Tiefe. Athene aber hatte Mitleid mit dem Hochbegabten und verwandelte ihn im Sturz in ein Rebhuhn und rettete ihm zumindest das nackte Leben. Der feige Mord am Neffen aber wurde ruchbar, Daidalos vor dem höchsten Gericht der Athener, dem Areopag, angeklagt. Dem drohenden Schuldspruch entzog er sich und floh auf die Insel Kreta, auf der Zeus' Sohn Minos als mächtiger König herrschte.

Minos war hocherfreut, den berühmten Erfinder, Künstler und Ingenieur fortan zu seinem Hofstaat zählen zu können, und beauftragte ihn als Erstes damit, ein Gefängnis für ein Monstrum zu erbauen: den Minotauros. Er war einer Verbindung von Minos' Ehefrau Pasiphaë mit einem Stier entsprungen, ein menschliches Ungeheuer mit einem Stierkopf auf den

Schultern, das alles, was in seine Nähe kam, tötete und vertilgte. Daidalos schuf für den Minotauros ein weitläufiges unterirdisches Labyrinth, in dem er sich frei bewegen, aus dem er aber nicht entweichen konnte. Die Gänge waren verschlungen wie die Arme des sagenhaften Flusses Mäander, wechselten oft die Richtung, so dass Daidalos am Ende der Arbeiten an den unzähligen Irrwegen selbst größte Mühe hatte, den Ausgang zu erreichen.

Die Jahre gingen dahin und Daidalos erfasste das Heimweh. Er hätte nun gerne die selbstgewählte Verbannung auf Kreta beendet, aber der tyrannische Minos würde ihn nicht gehen lassen. Also sann Daidalos auf einen Ausweg. »Über Land kann ich nicht fliehen, übers Wasser brauche ich ein Schiff, das mir Minos niemals geben wird, also bleibt mir nur der Himmel, um zu entkommen. Den kann mir der König nicht versperren.« Er studierte fortan intensiv den Flug der Vögel, begann, ihre Federn in verschiedenen Größen zu sammeln, sortierte sie und ordnete sie zu einem dichten Gefieder an. Schließlich verband er alles mit Wachs. Sein Sohn Ikaros half ihm dabei. Als sie zwei Flügelpaare fertig gestellt hatten, befestigten sie sie an ihren Körpern und Daidalos sagte zu ihm: »Ikaros, ich habe diesen Apparat bereits erprobt und wir wollen nun gemeinsam die Flucht wagen. Folge mir nach, mein Sohn, aber bleib bei deinem Flug auf mittlerer Höhe! Wenn du zu tief fliegst, läufst du Gefahr, ins Meer zu stürzen. Gerätst du aber zu hoch, so wird dich die Sonne verbrennen!« Und, o Wunder, sie erhoben sich scheinbar schwerelos in die Lüfte, Daidalos, um seinem Kind ein Vorbild zu geben, flog voraus, und Ikaros, zunächst unsicher, hinter ihm her. Über das wunderbare Funktionieren des selbstkonstruierten Apparats und die ungewohnte Vogelperspektive staunend, schwebten sie mit ihren künstlichen Gefiedern übers Meer. Nachdem sich Ikaros an das Fliegen gewöhnt hatte, packte ihn die unwiderstehliche

Lust, noch höher zu steigen, noch weiter schauen zu können. Er jubelte vor Begeisterung, aber die unbarmherzigen Sonnenstrahlen ließen das Wachs seiner Flügel schmelzen, er begann heftig mit seinen Armen zu rudern, aber das half nichts, sein Flugapparat war zerstört und Ikaros stürzte in die Tiefe. Daidalos rief: »Wo bist du, mein Sohn?« Dann sah er die Federn auf der Wasseroberfläche schwimmen, flog hinunter und weinte lange. Seine Erfindung verfluchte er. Auf einer nahe gelegenen Insel begrub Daidalos die sterblichen Überreste seines Sohnes, aus einer Eiche in der Nähe schaute ihm dabei ein Rebhuhn zu. Das Meer dort heißt seither das Ikarische.

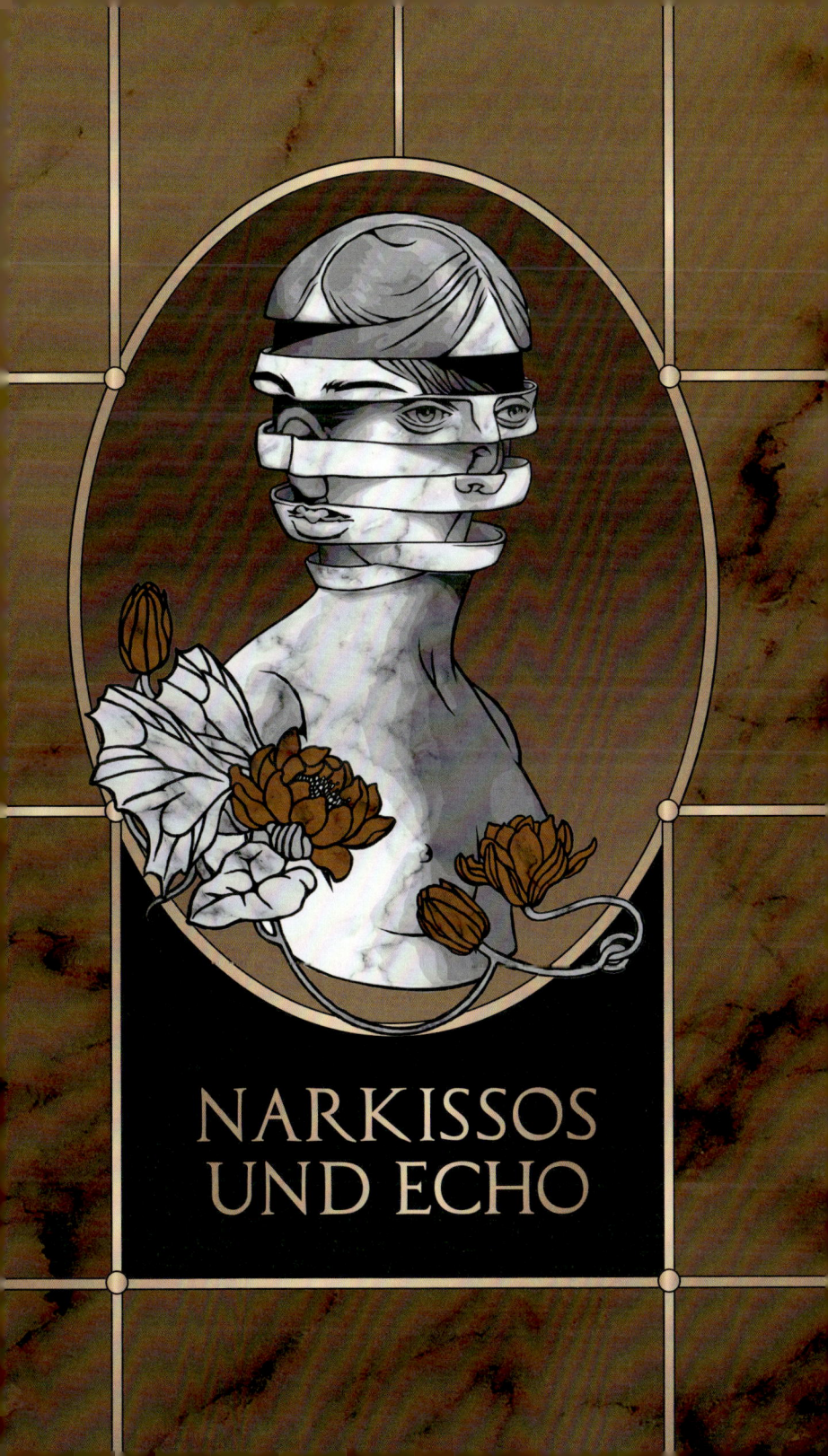

NARKISSOS UND ECHO

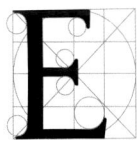ndlich allein. Hier an der Quelle und dem kleinen See würde er zur Ruhe kommen können. Immer und immer wieder belästigte man ihn. Hörte das nie auf? Warum ließ man ihn nicht einfach in Frieden?

Schon seit ihm die Nymphe Liriope das Leben geschenkt hatte, konnte sich Narkissos kaum retten vor begeisterten Besuchern und ihren nicht endend wollenden Schmeicheleien. Obwohl seine Mutter ihn nicht freiwillig empfangen hatte, der lüsterne Flussgott Kephissos hatte ihr nachgestellt und schließlich Gewalt angetan, liebte sie ihren Sohn sehr. Narkissos war ihr Augapfel, all ihr Streben und Tun kannte nur ein Ziel: ihn zu schützen und behütet aufzuziehen. Und ihre Freundinnen schwärmten geradezu von Narkissos: »Das Kind ist ja wunderschön, es wird eine blendende Zukunft haben.« Trotzdem war Liriope immer in Sorge um ihn, bat schließlich den greisen Seher Teiresias um Auskunft, um eine beruhigende Prognose: »Wird mein geliebter Narkissos ein langes Leben vor sich haben?« Dessen knappe Antwort lautete: »Er wird so lange leben, bis er erkannt hat, wer er ist.« Als Narkissos heranwuchs, nahm die Aufmerksamkeit für ihn noch zu, junge Männer und Frauen bedrängten ihn, ihnen Zuneigung zu schenken, ihre Werbung zu erwidern. Narkissos aber wies alles zurück, wollte von Liebe nichts wissen. Wie viel lieber wäre er allein gewesen – mit sich und seinen Gedanken!

Die Nymphe Echo hielt sich im Gefolge der Göttermutter Hera auf. Sie war munter, plauderte, gefragt oder ungefragt. Still zu sein, wäre ihr niemals in den Sinn gekommen, aber eines Tages wurde Hera des unablässigen Redeflusses überdrüssig. Sie hatte alle Hände voll zu tun, Zeus' Seitensprünge und Amouren zu verfolgen und nach Möglichkeit zu verhindern, Echos Geplapper aber störte ihre Aufmerksamkeit. Da züchtigte sie das vorlaute Mädchen. Echo erschrak fast zu Tode. Der Schlag auf ihren Mund war so nachdrücklich gewesen, dass sie von diesem Tag an nur noch nachsprechen konnte, was andere kurz zuvor zu ihr gesagt hatten. Und selbst das brachte sie nicht mehr zustande, sondern nur noch die letzten, gerade gehörten Worte oder Silben!

Narkissos wähnte sich im Wald allein, ohne Verfolger und Liebesanbeter. Er wollte sich niederlegen, nichts tun, nur seinen eigenen Gedanken und Ideen nachhängen. Da hörte er ein Geräusch und rief: »Ist jemand hier?« Keine Antwort. Nur schwach vernahm er: »... hier.« Er folgte dem Ruf. Als Echo ihn erblickte, verliebte sie sich auf der Stelle. Was für ein wunderschöner Jüngling! Narkissos aber erkannte den ihm wohlbekannten Blick des Begehrens und schrie: »Lass ab von mir! Lieber sterbe ich, als dich zu erhören.« Voller Scham schrak Echo zurück. Warum waren die Götter und die Menschen so grausam zu ihr? Die Kränkungen waren zu viel für sie, tiefe Trauer umfing ihr Gemüt. Der Kummer nagte schließlich so stark an ihr, dass sie nicht mehr schlafen konnte. Auch Speisen und Trank mochte sie nicht mehr zu sich nehmen. In ihrem Schmerz hungerte sie sich zu Tode. Ihre sterblichen Überreste aber versteinerten, wurden zu Felsen. Nur Echos Stimme blieb, sie wirft bis heute den Menschen die Worte zurück.

Narkissos hatte eine Quelle im Wald gefunden, an der er sich erschöpft niederließ. Dichter Wald umgab ihn, so dass er vor weiterer Zudringlichkeit geschützt zu sein schien. Durstig beugte er sich über das Wasser. Was war das? Ein wunderschöner Jüngling blickte ihn an, er versuchte ihn zu küssen, aber das Wasser kräuselte sich und das Ebenbild verschwand. »Endlich habe ich jemanden gefunden, den ich lieben kann. Warum flieht er mich?« Und wieder betrachtete er voller Sehnsucht den Geliebten. »Komm hervor aus deinem Versteck, antworte mir! Ich möchte dich umarmen!« Und er lockte ihn weiter, versank im Bildnis des schönen Unbekannten. Aber der Schöne

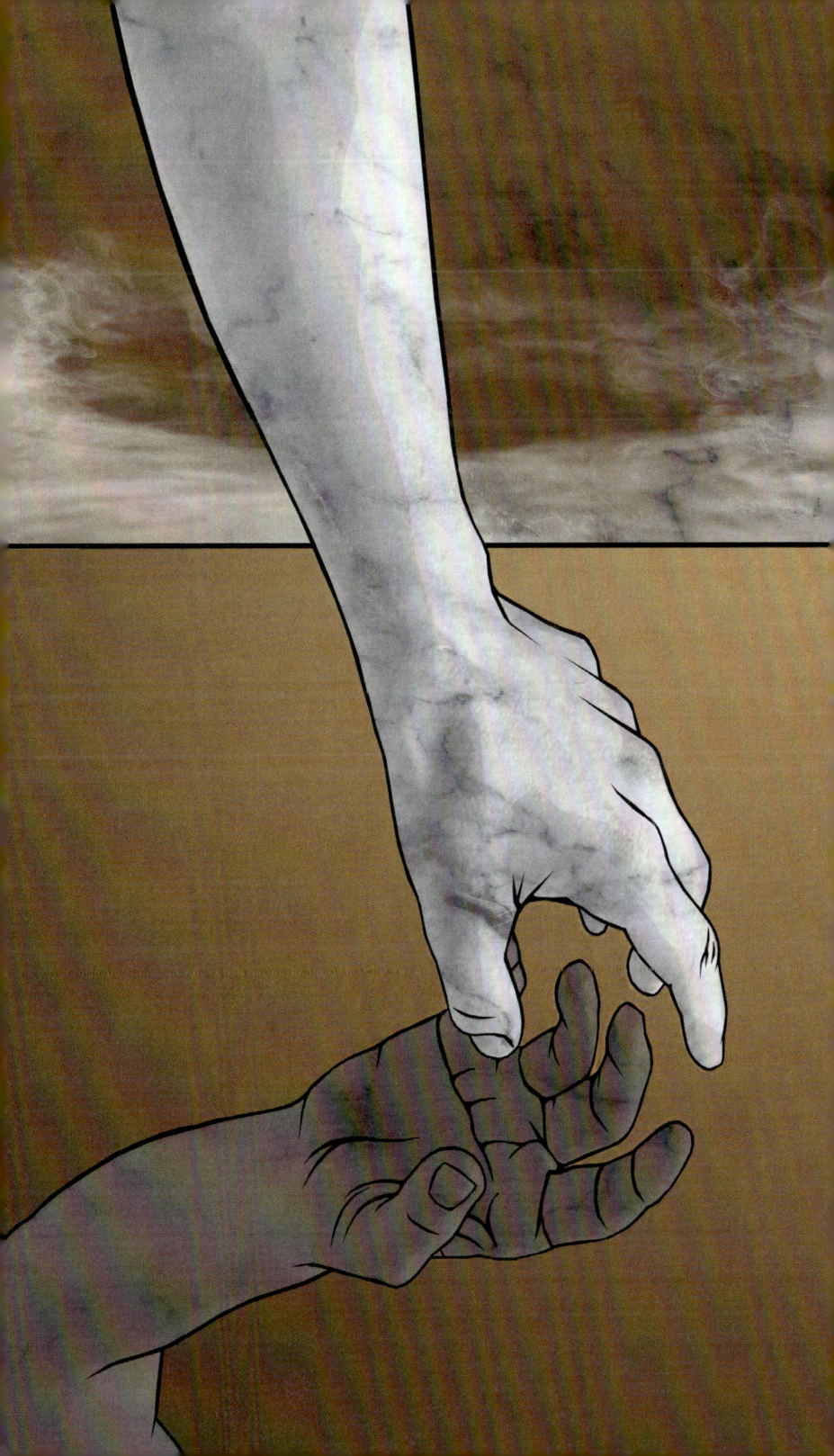

blieb stumm und reglos. Narkissos weinte. Seine Tränen ließen das Bild des Fremden wieder verschwimmen. Da erkannte er: »Das bin ja ich selbst! Weh mir, welch unglückliche Liebe! Niemals werde ich mich mit dem Geliebten vereinen können.« Und er sank bewegt nieder. Der Schmerz überwältigte ihn. Die Trauer wurde übermächtig, seine Lebenskraft erlahmte und er schloss seine Augen für immer. Als ihn die Waldnymphen bestatten wollten, war der Leichnam verschwunden. An der Stelle aber, an der er gelegen hatte, sprossen gelbe Blumen mit weißen Blütenkelchen, wunderschön anzuschauen.

PERSEUS UND DAS HAUPT DER MEDUSA

In Argos im Osten des Peloponnes lebte König Akrisios mit seiner Gemahlin Aganippe und ihrer Tochter Danaë. Seine Frau und er wünschten sich noch einen männlichen Nachkommen, der die Erbfolge gesichert hätte. Jahr um Jahr ging ins Land, aber die Königin wurde nicht schwanger. Es schien, als ob die Götter ihnen ihre Gunst entzogen hätten. Akrisios wollte Gewissheit und ließ das Delphische Orakel befragen, ob ihr Wunsch nicht doch noch in Erfüllung gehen könne? Die Antwort kam rasch und glich einem Schicksalsschlag: »Ihr werdet keinen männlichen Erben bekommen, du selbst wirst von der Hand des Sohnes deiner Tochter sterben.« Der König war entsetzt. Welche Schuld hatte er auf sich geladen, dass ihn die Götter mit einem solchen Fluch belegten? Er würde aber zu verhindern wissen, dass sich diese Weissagung erfülle. Am nächsten Tag ordnete er an, seine Tochter Danaë in einen bewehrten Turm zu sperren, zu dem niemand Zugang erhalten solle, der nicht das Einverständnis des Königs habe.

Den Olympiern missfiel Akrisios' Weigerung, das Orakel als göttlichen Willen aufzufassen und anzunehmen. Und Zeus beschloss, dessen Zurechtweisung mit seinen eigenen Wünschen zu verbinden. Von Danaës Schönheit hatte er schon gehört und so verwandelte er sich in einen goldenen Regen, drang mühelos in den Kerker ein und vereinigte sich mit der wehrlosen Gefangenen. Als Danaë von einem Jungen entbunden wurde und Akrisios die Mutterschaft zugetragen wurde, bestürmte er seine Tochter, ihm den Namen des leiblichen Vaters zu nennen. Dass es der Göttervater selbst gewesen sei, der ihr beigewohnt habe, glaubte er ihr nicht und ließ sie, zusammen mit dem Säugling, in einen hölzernen Kasten sperren und ins Meer werfen. Dort war die winzige Arche schutzlos den Launen des Windes und den Wellen des Meeres ausgeliefert. Es schien nur eine Frage der Zeit zu sein, bis die beiden verdursteten oder ertrinken würden. Also bat Zeus Poseidon, die Ausgesetzten zu beschützen, Mutter und Kind zurück auf festen Boden zu geleiten. Auf der Kykladeninsel Seriphos wurde die Kiste schließlich an Land gespült. Polydektes, der Herr der Insel, nahm beide gastfreundlich auf. Auch er war bald schon von Danaës Schönheit bezaubert und fragte sie, ob sie seine Frau werden wolle. Den Jungen würde er wie einen eigenen Sohn in seinem Haus aufnehmen. Was sollte Danaë tun? Liebe zu Polydektes spürte sie nicht, eher Dankbarkeit, denn ohne seinen Schutz würde sie in der Fremde ihr Kind wohl kaum aufziehen können. Aber Gattin eines Fürsten auf einer kleinen Insel zu werden, sie, die Königstochter aus dem ehrwürdigen und mächtigen Argos? Sie beschloss abzuwarten.

Der kleine Perseus wuchs schnell heran, alle staunten über seinen athletischen Körper, seine außergewöhnliche Physis. Keiner seiner Spielkameraden konnte es an Kraft und Geschicklichkeit mit ihm aufnehmen. Keiner konnte so schnell laufen wie er, keiner war bei der Jagd geschickter, niemand konnte so versiert mit den Waffen umgehen. Und je älter er wurde, umso schwerer wurde es, seinen Tatendrang zu bändigen. Auch Polydektes wurde sein Stiefsohn allmählich unheimlich. »Vielleicht«, so sann er, »sollte ich Perseus ein Abenteuer vorschlagen, bei dem er seinen Heldenmut beweisen kann? Das aber so gefährlich ist, dass ich ihn dabei für immer loswerde? Es wird ohnehin nicht mehr lange dauern, bis er mir den Thron streitig macht.«

Die schreckliche Medusa würde die geeignete Herausforderung für den jungen Wilden sein. Polydektes rief Perseus zu sich. Ob er schon von dem Ungeheuer gehört habe? Wem, wenn nicht ihm, könnte es gelingen, die Medusa im Kampf zu überwinden? Und ihr unheilbringendes Haupt als Beweis seines Mutes nach Seriphos zu bringen?

Viel wusste Perseus nicht von der sagenhaften Medusa. Sie

sei selbst eine Tochter von Meergöttern, die schönste der drei Gorgonenschwestern, aber von Pallas Athene mit einem grausigen Fluch versehen worden. Seitdem sei ihr bloßer Blick todbringend. Wen sie anschaue, der versteinere im gleichen Augenblick. Groß und stark solle sie überdies sein, den Kopf von Schlangen umwunden, der Körper von Drachenhaut überzogen und mit einem Gebiss ähnlich dem eines wilden Ebers versehen sein. Die furchterregenden Attribute der Medusa konnten Perseus jedoch nicht einschüchtern, zu groß war sein Selbstvertrauen, seine Überzeugung, dass er im Kampf jeden besiegen könne. Unbekümmert machte er sich also auf den weiten Weg. Athene gab ihm den Rat, sich zunächst an die Graien zu wenden. Sie waren Schwestern der Gorgonen, grauhaarig von Geburt an und mit einem Makel behaftet: Nur zu dritt besaßen sie ein Auge und ein Gebiss, das sie wechselseitig nutzten. Perseus' Forderung, ihm zu verraten, wo und wie er die Medusa finden und besiegen könne, begegneten sie mit höhnischem Lächeln und schwiegen. Merkte er denn nicht selbst, wie dreist er war? Als er ihnen aber das Auge und die Zähne entwendete und drohte, sie ins Meer zu werfen, gaben die Graien klein bei und wiesen ihm den Weg. Hephaistos stattete ihn für den bevorstehenden Kampf mit wunderbaren Hilfsmitteln aus: Flügelschuhen, mit denen man große Strecken fliegend zurücklegen konnte, einem Helm, der unsichtbar machte, und einer Tasche, in der er gefahrlos das infernalische Medusenhaupt bergen könne. Er schien nun gerüstet, den Kampf mit der Gorgo bestehen zu können. Da näherte sich auch der Götterbote Hermes und überreichte ihm zusätzlich einen Stab mit einer filigran geschmiedeten Sichel.

Und Perseus flog übers Meer, um zum Lager der Gorgonen vorzudringen. Die Umgebung ihrer Behausung glich einem Trümmerfeld. Es ließ ihn die tödliche Macht, über die die Medusa gebot, bereits ahnen. Ringsumher standen und lagen seltsame Versteinerungen, die einstmals lebendige Menschen und Tiere gewesen sein mussten. Perseus zog seine Tarnkappe über, näherte sich dem Ungeheuer schräg von hinten, verlor die Medusa aber, sie im Spiegelbild seines bronzenen Schildes betrachtend, nicht aus den Augen. Und als sie der Schlaf überkam, eilte er heran, hieb ihr mit einem gewaltigen Streich seiner Sichel den Kopf ab. Er packte ihn an den Schlangenhaaren und verbarg ihn in der Tasche, die ihm der Feuergott überlassen hatte. Als die Schwestern der Medusa erwachten, fanden sie nur noch den Torso der Medusa vor und schrien rachelustig auf. Wo war der dreiste Mörder ihrer Schwester? Aber weit und breit war niemand zu sehen. Denn Perseus befand sich längst wieder hoch in den Lüften, um nach Seriphos heimzukehren.

Die Rückreise dauerte länger als geplant, heftige Winde zwangen Perseus zu weiten Umwegen. Am Horn von Afrika erreichte er schließlich Äthiopien, das Reich von König Kepheus. Seine Gemahlin Kassiopeia hatte sich den Zorn der Götter zugezogen, weil sie damit geprahlt hatte, dass sie schöner sei als die Meeresnymphen, die Töchter des Nereus. Poseidon hatte daraufhin gewaltige Sturmfluten vor der Küste aufgetürmt und drohte nun, das ganze Land zu überschwemmen. Nur wenn sie ihre Tochter Andromeda dem Meerungeheuer Keto opferten, könne das Land gerettet werden. Und so gewahrte Perseus eine junge, wunderschöne Frau, die, weinend und gefesselt an einen Felsvorsprung am Meer, ihrem schrecklichen Schicksal entgegensah. Perseus bot dem Königspaar seine Hilfe an. Kepheus sprach: »Wenn du Keto besiegst, sollst du reich belohnt werden, die Hand unserer Tochter und die Thronfolge werden dir sicher sein.«

Mit seinen göttlichen Waffen trat Perseus Keto furchtlos entgegen, schlug ihm mit der ehernen Sichel schwere Wunden, wich aber allen Angriffen des Meerungeheuers fliegend aus, bis Keto schließlich in einem Strudel aus Blut in der Tiefe versank. Rasch band er Andromeda vom Felsen los, hüllte sie in eine Decke und brachte sie ihren Eltern zurück. Gemeinsam begab man sich zurück in den Königspalast, verkündete eine große Freudenfeier, der alsbald das Hochzeitsfest von Andromeda und Perseus folgen solle. Vergessen hatte man Phineus, einen nahen Verwandten des Königs, dem Andromeda bereits früher versprochen worden war. Er meldete nun seine älteren Ansprüche wieder an. Wenn man seine Rechte nicht achte, so werde er sie notfalls mit Gewalt durchsetzen. Phineus war fest entschlossen, sich nicht zurückweisen zu lassen. Und er war nicht allein an den Hof gekommen, ein großer Tross bewaffneter Gefährten begleitete ihn. Kepheus sprach: »Mäßige dich, Phineus, und besinne dich!« Aber da flog schon der erste Speer in Perseus' Richtung. Der erhob sich von seinem Platz und rief laut: »Wer mein Freund ist, der wende sich ab oder bedecke sein Antlitz!« Und er zog das grässliche Medusenhaupt aus der Tasche, hielt es hoch in die Luft, damit es für alle sichtbar war. Phineus und seine Hundertschaft hatten ihre Waffen noch nicht gezückt, da erstarrten sie zu steinernen Bildnissen.

Perseus hatte es nun eilig. Er führte Andromeda heim nach Seriphos, um sie seiner Mutter Danaë vorzustellen. Die Waffen mit den Zauberkräften gab er den Göttern zurück, er würde sie nun nicht mehr brauchen. Das Haupt der Medusa schenkte er Pallas Athene, die es an ihren Aigisschild heftete. Eigentlich hätten glückliche Tage folgen können. In der Stadt Larissa im Norden Griechenlands fand ein großes Fest statt, Perseus nahm an den dort ausgeschriebenen Wettkämpfen teil. König Akrisios von Argos, sein Großvater, war ebenfalls unerkannt in die Stadt gekommen. Bei dem sportlichen Kampfspiel verirrte sich ein Diskus, von Perseus' Hand mit gewaltiger Wucht geworfen, auf die Tribüne und tötete den dort zuschauenden Akrisios. Der Orakelspruch hatte sich doch noch erfüllt. Perseus war entsetzt, als er erfuhr, wen er erschlagen hatte. Er begrub seinen Großvater mit großem Zeremoniell vor den Toren der Stadt Argos. Dessen Königswürde mochte er nicht übernehmen, gab sie in die Hände eines Verwandten. Ihm und Andromeda aber war ein langes Leben beschieden, an dessen Ende sie, zusammen mit Kassiopeia, von den Göttern als weithin leuchtende Bilder an den Sternenhimmel erhoben wurden.

DIE FAHRT
DER
ARGONAUTEN

In der fruchtbaren Landschaft Boiotiens lebte einst König Athamas mit seiner Frau Nephele und ihren Zwillingskindern Phrixos und Helle. Aber ihr gemeinsames Glück war nicht von Dauer, der König erkor eines Tages eine andere Frau zu seiner Favoritin, Nephele musste den Palast verlassen und die Zwillinge, bedroht von ihrer Stiefmutter, fürchteten um ihr Leben. In großer Sorge um sie, sandte Nephele den Geschwistern einen geflügelten Schafbock. Dessen Fell war aus purem Gold, gleichwohl war er so leicht, dass er auf Wolken laufen konnte. Er würde sie in Sicherheit bringen können – nach Kolchis, das weitab von ihrer Heimat am Ostufer des Schwarzen Meeres lag. Die Zwillinge sprangen auf den Rücken des Widders, krallten sich in seiner Wolle fest und das Tier erhob sich mit ihnen in die Lüfte. Hoch oben am Himmel blickte Helle, obwohl man es ihr untersagt hatte, nach unten, ein plötzlicher Schwindel erfasste sie und noch bevor der Bruder ihre Hand fassen konnte, verlor sie das Gleichgewicht und stürzte am Ausgang der Ägäis ins Meer, das seit diesen Tagen an jener Stelle Hellespont genannt wird.

Phrixos weinte um seine Schwester, setzte aber die Reise fort, erreichte Kolchis und opferte den Widder voller Dankbarkeit den Göttern, die ihn beschützt hatten. Das Goldene Vlies des Widders ließ König Aietes, der ihn in Kolchis gastfreundlich aufgenommen hatte, in einem heiligen Hain an einem Baumstamm aufspannen und von einem Drachen bewachen, denn ihm war geweissagt worden, dass er seines Lebens nur sicher sein könne, solange er das goldene Fell sein Eigen nenne.

Viele Jahre später herrschte in der Stadt Iolkos in Thessalien König Pelias, ein Sohn des mächtigen Meergottes Poseidon. Eigentlich gebührte der Thron seinem Halbbruder Aison, aber Pelias hatte ihn verdrängt, die Königswürde gewaltsam an sich gerissen. Der Raub war aber nicht ohne Folgen geblieben. In Delphi, dem Ort, den die Götter zum Mittelpunkt der Welt bestimmt hatten, verkündete Pythia, die Priesterin im apollinischen Tempel, dass Pelias vom Orakel beschieden sei, dass er sein Reich an einen Mann verlieren werde, der nur eine Sandale trage. Man kann sich dessen Entsetzen vorstellen, als während eines Festes zu Ehren Poseidons an der Opferstätte ein Fremder erschien, ein junger Mann von stattlicher Gestalt und blendendem Aussehen. Und dieser Unbekannte trug nur einen Schuh! Pelias lud ihn ein, mit ihm in seinem Palast zu speisen. Da offenbarte der Jüngling ihm seine Herkunft: »Mein Name lautet Iason, er dürfte dir wohlbekannt sein, denn ich bin der Sohn deines Bruders, dem du die Königswürde unrechtmäßig genommen hast. Hergekommen bin ich, sie von dir zurückzufordern.« »Und den fehlenden Schuh,« erklärte er, als er Pelias' fragenden Blick wahrnahm, »muss ich im Morast eines Flussbettes verloren haben, ich werde mir neues Schuhwerk besorgen müssen.« Scheinbar freundlich sagte ihm Pelias zu, auf den Thron zu verzichten, er bitte seinen Neffen nur um einen kleinen Gefallen: »Zu gerne besäßen wir hier in Iolkos das legendenumwobene Goldene Vlies, nur bin ich selbst zu alt für solche Abenteuer. Kannst du nicht diesen Schatz für unser Königreich erbeuten?« Und dachte bei sich: »Mögest du bei dieser Unternehmung zugrunde gehen und nie mehr wiederkehren!« Iason war die Rankúne seines Onkels gleichgültig, der Thron könne ja warten, ihn reizten das Abenteuer und der Ruhm und er sagte zu, nach Kolchis aufzubrechen, um das Widderfell heim nach Griechenland zu holen.

Als Erstes musste ein Schiff gebaut und ausgerüstet werden für die lange Fahrt. Athene selbst leitete den Schiffsbau, half dem Zimmermann Argo bei der Ausführung der Konstruktion und es entstand ein Wunderwerk. Jeweils fünfundzwanzig Ruderer konnten auf den beiden Seiten des schmalen und schnellen Schiffes Platz finden. Es sollte schweren Stürmen widerstehen können, aber so leicht sein, dass man es mehrere Tagesstrecken über Land tragen konnte. Nach seinem Erbauer wurde es die Argo genannt. Und Iason versammelte viele Helden Griechenlands an Bord, darunter auch Herakles und Lynkeus, Peleus, den Vater des ruhmreichen Achilleus, Theseus, Orpheus und Aias' Vater Telamon. Sie alle wollten teilhaben am Ruhm dieser einzigartigen Fahrt in unbekannte Länder. Nachdem die Argonauten den Göttern Opfergaben dargebracht und deren Beistand erfleht hatten, wurden schließlich die Anker gelichtet und die Segel aufgezogen.

Schon am zweiten Tag geriet die Argo in stürmische See, zwang die Besatzung zum Anlegen. Danach passierte das Schiff Lemnos, den Hellespont, die Insel Kyzikos. Immer wieder wurden die Argonauten durch große Empfänge oder kriegerische Handlungen aufgehalten, behielten aber ihr Fahrtziel, das ferne Kolchis, im Auge. Schließlich erreichten sie das Land Thrakien, in dem Phineus herrschte. Die Zustände dort waren unbeschreiblich: Ihn hatten die Götter nach einer frevelhaften Tat an den eigenen Kindern mit Blindheit geschlagen, an seiner Statt schienen riesenhafte Vögel, Harpyien, die Herrschaft in der Residenz übernommen zu haben. Alles Essbare wurde von ihnen vertilgt oder durch ihren Kot verschmutzt und unbrauchbar gemacht. Die Palastwachen waren den Attacken der Vögel hilflos ausgesetzt, da die Harpyien zusätzlich zu ihrem Federkleid über einen metallischen Panzer verfügten, der sie unverwundbar machte. Phineus glaubte nicht daran, dass es den Fremden auf dem Wunderschiff gelingen würde, ihn und seine Untertanen von dieser Plage zu erlösen. Aber unter den Argonauten befanden sich auch Zetes und Kalais, Söhne des Nordwindgottes Boreas. Sie erhoben sich sogleich in die Lüfte und setzten den Harpyien so hart zu, dass Zeus einschritt. Er untersagte ihnen, die göttlichen Wundervögel zu töten, und versprach, sie aus Thrakien abzuziehen. Die Boreassöhne kehrten darauf zum Schiff zurück und die Argonauten hielten für Phineus ein großes Gastmahl ab, auf dass er wieder zu Kräften käme. Nach dem Bankett sprach Phineus: »Ihr werdet bald eine schreckliche Meerenge passieren müssen, dort stehen zwei schmale und hohe Felseninseln, an denen schon viele Schiffe zerschellt sind, die Symplegaden. Sie sind nicht mit dem Meeresboden verwachsen, sondern treiben in der See. Ihr müsst in Windeseile hindurchfahren, sonst seid ihr dem Tod geweiht. Auch danach liegt noch eine weite Reise vor euch, Küstenregionen mit kriegslüsternen Völkern, unruhige See mit gefährlichen Stromschnellen und Strudeln. Es ist beinahe unmöglich, das legendäre Kolchis zu erreichen! Dort aber, wisset, hütet ein Drache, der niemals schläft, den Schatz des Königs Aietes, das Goldene Vlies.«

Iason und die Seinen brachen beklommen auf. Zunächst hielten sie starke Winde fast zwei Wochen auf, dann aber ging die Fahrt weiter und nun sahen sie die von Phineus beschriebenen Felsen am Horizont auftauchen. Gewaltig ragten sie aus dem bewegten Meer auf. Die Passage zwischen ihnen war wohl schon bei ruhiger See nicht breit, aber jetzt türmte die unruhige See mächtige Wellenberge auf, trieben die Symplegaden in kurzen Zeitabständen mit gewaltigem Tosen aufeinander zu. Jedes Schiff, das sich dann zwischen ihnen befand, war unrettbar verloren. Iason ließ eine Taube vorausfliegen, sie gelangte nur mit Mühe durch die Meeresschlucht, ehe die Felsen mit Wucht aneinanderstießen. Als sie sich wieder zu öffnen begannen, steuerte die Argo mit voller Kraft auf die schmale Passage zu. Ein gewaltiger Sog begann auf das Schiff zu wirken, es tanzte gleich einer Nussschale in den brausenden Kanal, die Ruderer legten sich mit Macht in die Riemen, aber die Durchfahrt wäre wohl nicht gelungen, hätte nicht Athene selbst die Argo mit göttlicher Hand auf den letzten Metern durch die Schlucht geschoben. Die Argonauten jubelten: »Wenn uns die Götter

weiterhin so gewogen bleiben, dann werden wir das Goldene
Vlies im Triumph nach Hause tragen!«

Schließlich, viele Tage und Nächte waren sie mittlerweile
schon auf dem Schwarzen Meer gesegelt, sahen sie in der Ferne die ersten Ausläufer des großen Kaukasusgebirges, das Ziel
ihrer Fahrt, Kolchis, konnte nun nicht mehr fern sein. Unweit
der Hauptstadt gingen sie am nächsten Tag vor Anker, dankten
den Göttern, gürteten ihre Waffen um und wählten drei unter
ihnen aus, die bei König Aietes wegen des Widderfells vorstel-
lig werden sollten, Iason sollte ihr Sprecher sein. Auf dem Weg
gewahrten sie mit Erstaunen, dass in Kolchis offenbar andere
Begräbnisrituale gepflegt wurden, als sie sie aus ihrer Heimat
kannten: Überall hingen Leichen in den Bäumen, die von der
heißen Luft mumifiziert wurden. Ein dichter Nebel, gnädig
herbeigesandt von den Göttern, ging hernieder und ließ Iason
und seine beiden Begleiter unbehelligt Kolchis erreichen. Eine
solche Stadt hatten sie noch nicht gesehen: Die Mauern des
Königspalastes, wohl ein Werk des kunstreichen Hephaistos,
waren mit Weinreben bewachsen, davor entsprangen vier herrliche Quellen, aus denen Wein, Milch, Öl und klares Wasser
strömte. Der Vorhof lag menschenleer in der Vormittagssonne,
offenbar hatte niemand sie kommen sehen. Nur Medea, des
Königs jüngere Tochter und zauberkundige Priesterin im Tempel der Hekate, schritt durch den Hof und stieß einen Schrei
der Überraschung aus, der das Königspaar herbeieilen ließ.
Woher kamen diese unangekündigten Besucher, was wollten
sie hier am Schwarzen Meer? Man bereitete erst einmal ein
großes Festmahl vor und trank auf das Wohl der Gäste aus
dem fernen Land, bis schließlich König Aietes seinen silber-
nen Becher erhob und Iason fragte, was ihr Begehr sei, weshalb
sie die weite Reise auf sich genommen hätten. »Wir möchten,
o edler Aietes, das Goldene Vlies in seine angestammte Heimat
zurückführen und bitten dich, dieser Bitte zu entsprechen! Wir

sind gerne bereit, dir dafür Dienste zu leisten, für dich gegen deine Feinde ins Feld zu ziehen, dich mit unseren Waffen vor etwaigen Unbilden zu schützen. Auf meinem Schiff weilen die kühnsten Helden Griechenlands.« Das ist dreist, dachte Aietes, seine Stirn verdunkelte sich und er antwortete kühl: »Wenn ihr nicht meine Gäste wärt, so würde ich euch sogleich töten lassen. Wie könnt ihr es wagen, mit solchen Absichten in mein Land zu kommen und mich berauben zu wollen?« Iason versuchte, ihn zu beruhigen: »Wir sind keine Wegelagerer, sondern bitten dich nur, uns das prächtige goldene Widderfell zu überlassen, dein Name würde für immer in unserem Land in hohen Ehren gehalten werden.« Da besann sich der König und überlegte, ob es nicht einfacher wäre, sich dieser aufdringlichen Besucher auf anderem Wege zu entledigen. »Ich danke dir, Iason, für dein großherziges Angebot. Wenn ihr tatsächlich so tapfere Männer seid, so mögt ihr eine Probe davon geben und das Goldene Vlies wird bei euch in guten Händen sein. Dieser Beweis wird nicht schwer zu erbringen sein. Die Arbeit, die ich euch auftrage, erfülle ich sonst selbst mit meinen eigenen Händen: Weidet für mich einen Tag die beiden Stiere des Ares draußen auf dem zwei Morgen großen heiligen Feld des Kriegsgottes und bringt als Saat Schlangenzähne aus, die ich euch darreichen werde. Wisset, dass aus dieser Saat wohl gerüstete Männer erwachsen, die ich allein mit meinem Speer niederstrecke. Wenn es euch ebenso glückt, dieses Feld bis Sonnenuntergang in gleicher Weise zu bestellen, so magst du die goldene Trophäe hernach mit dir führen.« Iason nickte nachdenklich als Zeichen seines Einverständnisses.

Von allen unbemerkt hatte sich in der Zwischenzeit Eros Zugang zum Palast verschafft, hatte einen seiner Pfeile auf Medeia gerichtet, und im gleichen Augenblick war ihr Herz in Liebe zu Iason entbrannt. Erregt und verwirrt über die plötzliche und unbekannte Leidenschaft, die sie jäh überfallen hatte, eilte sie in ihr Gemach, sank auf ihrem Bett nieder und weinte: »Was ist mir da widerfahren? Was gehen mich der schöne Fremde und seine Griechen an? Aber vielleicht kannst du, edle Hekate, mir helfen, damit er diese furchtbare Prüfung bestehen kann? Sonst werde ich hier die Einzige sein, die seinen Tod betrauert.« Als Medeia am nächsten Morgen erwachte, stand ihr Entschluss fest. Sie würde Iason unter einem Vorwand in seinem Lager aufsuchen, ihm eine von Hekates wunderwirkenden Tinkturen bringen, die ihn für den Tag seiner Prüfung unverwundbar machen würde. Als sie dort mit ihren Dienerinnen eintraf, fand sie Iason tief in Gedanken versunken vor. Aietes' Aufgabe war nicht lösbar, erforderte übermenschliche Kräfte, über die er nicht verfügte. »Höre«, sprach Medeia, »ich bin nicht nur des Aietes Tochter, sondern auch Enkelin des allmächtigen Helios, der mir magische Kräfte verliehen hat. Ich möchte dir helfen, den Kampf mit den Stieren des Ares zu bestehen. Der Zorn meines Vaters, wenn er erfährt, dass ich dir geholfen habe, wird aber fürchterlich. Du musst mir schwören, mich zu schützen, mich mitzunehmen in dein Land und an meiner Seite zu bleiben.« Iason versprach es.

Als er später das gewaltige Feld betrat, auf dem die feuerspeienden riesigen Stiere des Ares weideten, war er gewappnet – und seine Haut bestrichen mit der zauberkräftigen Salbe der Hekate. Aietes stand mit seinem gesamten Hofstaat am Gatter, um dem Schauspiel beizuwohnen und sich am ungleichen Wettkampf zu ergötzen. Die Stiere, kaum ins Feld geführt, stampften sogleich auf Iason zu, aber der junge Kämpfer, bestärkt durch Medeias Zuwendung und ihre Zaubermixtur, packte sie mit hartem Griff bei den Hörnern, zwang sie fast mühelos ins Joch. Die Feuersalven aus ihren Nüstern konnten Iason nichts anhaben. Der Pflug fuhr tief in die Erde und es war noch nicht Mittag, als Iason die Stiere ausspannte und mit dem Säen begann. Er nahm wie verabredet die von Aietes bereitgestellten Zähne der Schlangen und warf sie in die gewaltigen Furchen, bedeckte sie mit Erde. Die Sonne stand immer noch hoch, da keimte bereits die furchtbare Saat und gerüstete, schwer bewaffnete Krieger wuchsen wie im Zeitraffer aus dem Boden. Wie es ihm Medeia geraten hatte, stiftete Iason einen Streit unter den Eisenmännern, die sofort begannen, einander mit Schwertern niederzumetzeln. Mit den restlichen Kriegern machte er kurzen Prozess. Seine Freunde jubelten, als sie sahen, dass Iason die Aufgabe gelöst hatte, Aietes stand am Feldrain wie versteinert.

In der Nacht eilte Medeia zu ihrem Geliebten: »Mein Vater wird dir das Goldene Vlies nicht freiwillig geben, wir werden es ihm mit Gewalt entreißen müssen.« Mit ihren hypnotischen Kräften versetzte sie den Drachen, der das Vlies bewachte, in tiefen Schlaf. Iason löste das herrliche Fell von dem Baum, an dem es befestigt worden war, und wies die Argonauten an, in größter Eile die Taue des Schiffs zu lösen. Aietes, dem Raub und die Flucht umgehend hinterbracht wurden, bot eilends eine große Anzahl Schiffe auf, die Flüchtigen zu verfolgen. Rasch erreichte die von Medeias Bruder Apsyrtos befehligte Flotte die Argo. Eine Herausgabe des Vlieses lehnte Iason auf Grund des Versprechens von Aietes ab, eher würden sie im Kampf sterben und das goldene Fell vernichten. »So gib uns die Verräterin heraus, damit wir sie einer gerechten Strafe zuführen«, sprach Apsyrtos. Iason schwankte. Sollte er das Leben der Besatzung und die Heimkehr für Medeia aufs Spiel setzen? Man könnte, so lautete dann der Vorschlag, sie auf einer nahe gelegenen Insel in einem Tempel der Artemis aussetzen und den Schiedsspruch über ihr weiteres Schicksal den Göttern überantworten. Medeia schäumte, als sie dies hörte, und erinnerte den wankelmütigen Iason an seinen Schwur: »Wenn du dein Wort brechen möchtest, dann töte mich lieber gleich hier mit deinem Schwert!« Iason versuchte, sie zu beschwichtigen,

es wäre nur eine Kriegslist, er bräuchte noch Zeit zum Nachdenken. Am Ende setzte er sie so unter Druck, dass sie ihren Bruder in eine Falle lockte. Iason tötete ihn, Medeia verhüllte weinend ihr Angesicht. Dem Hinterhalt der Argonauten fielen danach die meisten der kolchischen Krieger zum Opfer und Iason und seinen Mannen gelang mit Medeia die Flucht. Auf der Rückfahrt hatten die Götter ein Einsehen und die Argo gelangte auch mit der Hilfe von Medeias magischen Kräften trotz aller Gefahren sicher zurück an die Küste Boiotiens. Im Heimathafen wurden sie jubelnd empfangen, Iason weihte sein Schiff zum Dank Poseidon, dem Bruder des Zeus.

Pelias aber wollte nun das Versprechen, das er Iason vor der Fahrt gegeben hatte, ihm die rechtmäßige Königswürde zurückzugeben, nachdem er das Goldene Vlies erworben hatte, nicht einlösen. Er hatte vielmehr während Iasons Abwesenheit dessen Bruder ermorden lassen und ihren Vater Aison mit der Lüge, die Argo sei untergegangen, in den Tod getrieben. Iason, von den Mordnachrichten wie betäubt, verließ Iolkos, um in der Einsamkeit trauern und zur Besinnung kommen zu können. Medeia aber handelte, sühnte, von Iason um Hilfe gebeten, ohne Erbarmen Pelias' Wortbruch und sein Morden. Sie schlachtete einen alten Schafbock und schmorte ihn in einem großen Kessel. Als unter den magischen Formeln Medeias aus dem dichten Dampf des Topfes vor Pelias' Augen ein Lämmchen entsprang, rief er: »Diesen Jungbrunnen möchte ich auch versuchen«, und seine Töchter zerteilten auf seinen Wunsch hin seinen Leib und gaben ihn ebenfalls in den Hammeltopf. Zauberworte kamen indes nun nicht mehr von Medeias Lippen. Die Rache war vollbracht.

In Iolkos konnten nun weder Iason noch Medeia bleiben und sie zogen weiter nach Korinth zum Palast von König Kreon. Medeia hatte in der Zwischenzeit zwei Jungen das Leben geschenkt. Iason war sie dennoch fremd geworden, die

Zauberin aus Kolchis übte keinen Reiz mehr auf ihn aus. Angezogen fühlte er sich hingegen von Glauke, der liebreizenden Tochter Kreons. Mit ihr würde er neu anfangen können, ein mächtiges Königreich stand überdies im Hintergrund in Aussicht. Ungerührt teilte er Medeia seine Vorstellungen mit. Er werde Glauke zur Frau nehmen, sie möge Korinth bitte so rasch wie möglich verlassen. Medeia erinnerte ihn an seinen Eid und ihre Hilfe, ohne die er niemals das Vlies erworben und den Orakelspruch des Pelias vollendet hätte. Sie flehte. Iason war nicht umzustimmen. Da senkte sie den Kopf, bat Kreon noch um einen Tag Aufschub für ihre Abreise, schenkte Glauke zum Abschied ein herrliches Brautkleid und verließ Korinth für immer. Glauke legte in ihrer Kammer das Gewand an und schrie vor Schmerzen auf, es hatte bei der Berührung mit ihrer Haut Feuer gefangen, sie und der herbeigeeilte Kreon starben in den Flammen. Iason suchte Medeia, um sie wutentbrannt zur Rechenschaft zu ziehen, fand stattdessen aber die entseelten Leiber seiner Kinder, Medeias Strafgericht über Iason hatte auch vor ihrem Leben nicht haltgemacht.

OIDIPUS'
FLUCH

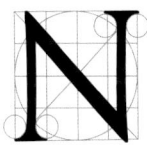iemals mehr wollte König Laios von Theben seine Gemahlin berühren. Iokaste war eine schöne und begehrenswerte Frau, aber er konnte den entsetzlichen Fluch nicht vergessen. Sein Leben war danach ein anderes geworden. Es lag schon Jahre zurück, er hatte sich hingezogen gefühlt zu dem jungen Chrysippos und ihn im Überschwang der Gefühle den Eltern entführt, deren Gastfreundschaft damit schmählich missbraucht. Chrysippos' Vater hatte ihm entgegengeschleudert: »Solltest du es wagen, selbst einen Sohn zu zeugen, so wisse, dass die Götter bestimmt haben, dass du von seiner Hand dereinst sterben wirst.« Laios' Ehe mit Iokaste blieb also kinderlos, aber eines Tages, Laios wusste nicht mehr, wie es geschehen konnte, näherte er sich ihr doch, die Königin wurde schwanger und gebar einen Sohn. Laios erinnerte sich nun wieder mit Schrecken an die Prophezeiung und sprach: »Ich will nicht selbst Hand an das Kind legen. Wir lassen es in der Wildnis aussetzen, dort mag es ohne unsere Einwirkung umkommen.« Ein Hirte erhielt die Order, das kleine Kind gefesselt und mit durchtrennten Achillessehnen in einem unwegsamen Gebirge abzusetzen und dort seinem Schicksal zu überlassen. Doch der Mann hatte Mitleid mit der unschuldigen Kreatur, gab das Kind in die Hände eines befreundeten Hirten, der – jenseits der thebanischen Grenze – die Herden des Königs Polybios von Korinth hütete. Er trug das Knäblein zu seiner Hütte, seine Frau versorgte die Wunden und pflegte und nährte es. Da sie selbst nur über geringe Mittel verfügten, brachten sie das Kind schließlich an den Hof in Korinth. Das Königspaar, Polybios und Merope, nahm sich des Jungen, den sie Oidipus, das bedeutet Hinkefuß, an, sie zogen ihn wie einen eigenen Sohn auf und gewannen ihn lieb.

Oidipus' versehrte Füße waren in der Zwischenzeit verheilt, er wuchs heran und hatte keinen Grund, daran zu zweifeln, der leibliche Sohn des Herrscherpaares und damit der legitime Thronfolger zu sein. Bei einer Feier im Palast kam ihm jedoch zu Ohren, dass über ihn und seine Herkunft hinter seinem Rücken gespottet wurde. Ja, man behauptete sogar, er sei nicht der rechtmäßige Thronerbe. Oidipus zügelte seine Wut nur mit Mühe, trat aber unverzüglich vor seine Eltern und bat um Aufklärung. Die Königin und der König schwiegen betreten. Ungern wollten sie seine Gunst verlieren, eingestehen, dass sie ihn über seine Herkunft bislang belogen hatten. Oidipus schied wortlos von ihnen und suchte das Heiligtum des Apollon auf: »Bitte lasst mich wissen, wer meine Eltern sind!« Vom Orakel erhielt er aber nur die entsetzliche Auskunft, dass er eines Tages seines Vaters Mörder und seiner leiblichen Mutter Ehemann werde. Oidipus war wie vor den Kopf geschlagen. Was für einen Sinn sollte sein Leben nun noch gewinnen? Fest stand aber für ihn, dass er Korinth unverzüglich verlassen musste, um Polybios und Merope aus dem Weg zu gehen und sie vor der grässlichen delphischen Prophezeihung zu schützen. Und er wandte sich östlich nach Boiotien. An einer Wegekreuzung am Ufer des Pleistos kam ihm ein Wagen mit edlen Pferden in schneller Fahrt entgegen, der Wagenlenker zwang ihn, an die Böschung zu springen, ein Wortwechsel und ein Handgemenge folgten. Der vornehme ältere Mann, der auf dem Wagen saß, versetzte Oidipus mit seinem Stock einen Schlag, der wollte sich das nicht bieten lassen und schlug zurück. Nun wurden die Waffen gezogen, indes, Oidipus war seinen Gegnern an Kräften weit überlegen und tötete alle bis auf einen, der fliehen konnte. Oidipus setzte seine Wanderschaft ungerührt fort. Wieso hatten diese unverschämten Boiotier ihn nicht in Frieden seiner Wege gehen lassen? Nun hatten sie ihre gerechte Strafe erhalten.

Einige Zeit später zog er im siebentorigen Theben ein, die

Stadt befand sich in heller Aufregung. Ein seltsames Zwitterwesen, eine Art Löwenmensch mit riesigen Flügeln, hatte sich auf einem Felsen vor der Stadt eingefunden. Diese Sphinx stellte allen, die an ihrem Felsen vorbeikamen, Fragen. Wer sie nicht beantworten konnte, wurde von ihr verschlungen. Und eine zweite Hiobsbotschaft erreichte Theben. König Laios, auf dem Weg nach Delphi, war von einem unbekannten Räuber ermordet worden. Laios' Schwager Kreon ließ verkünden, wer die Stadt von der Sphinx erlöse, solle künftig Thebens Krone tragen und – nach einer angemessenen Trauerzeit – Ehemann der Königinwitwe Iokaste werden. Oidipus, fluchbeladen und des Lebens überdrüssig, meldete sich zum Wettstreit mit der Sphinx. Wenn er ihr unterliegen würde, würde sein Tod kaum Trauer auslösen. Und falls er siegte, Iokaste zur Frau nähme, dann hätte er auch den furchtbaren Orakelspruch überwunden.

Vor dem Felsen erwartete ihn das Ungeheuer bereits mit der Frage: »Was hat am Morgen vier, mittags zwei und am Abend drei Füße? Und hat mit vier Füßen weniger Kraft und Geschicklichkeit als mit zweien?« Oidipus antwortete: »Das ist der Mensch, als Kind bewegt er sich auf allen vieren, als Heranwachsender mit zweien und am Abend seines Lebens benötigt er zusätzlich einen Stock, um voranzukommen.« Er hatte die richtige Antwort gegeben, das Rätsel war gelöst. Der Bann der Sphinx war gebrochen, sie stürzte sich von ihrem Felsenplatz in den Tod. Oidipus war nun der Retter von Theben, im Triumphzug wurde er in die Stadt geleitet, Kreon übergab ihm die Insignien der Königswürde und Iokaste willigte gern ein, ihn zu heiraten. Das Leben des Oidipus nahm eine unerwartete Wendung. Viele Jahre lebte er glücklich mit Iokaste, sie gebar ihm vier Kinder: Eteokles und Polyneikes, Antigone und Ismene. Beim Regieren zeigte er eine glückliche Hand, der Bezwinger der schrecklichen Sphinx lebte hochgeehrt und vom Volk geliebt in der Mitte seiner Untertanen.

Da brach eines Tages eine tödliche Seuche in Theben aus, die jeden Tag viele Opfer forderte. Die Heilkundigen und die Tempelpriester waren ratlos, die Bürger drangen zum Königspalast vor und baten Oidipus, sie auch aus dieser Not zu befreien. Er bat seinen Schwager Kreon, das apollinische Orakel um Hilfe zu bitten. Aus Delphi kam daraufhin die Botschaft: »In Theben weilt ein Gottesfrevler. Wenn ihr ihn, der auch den König Laios erschlagen hat, außer Landes jagt, so wird der Pest Einhalt geboten werden können.« Oidipus ließ Erkundigungen im ganzen Land einholen, um Auskunft über die Umstände von Laios' Tod zu erhalten. Er sei an einem Kreuzweg in Boiotien von einem Fremden erschlagen worden, hieß es. Dann setzte Oidipus eine hohe Belohnung aus, die zur Ergreifung des Mörders führen sollte, und es wurden Boten zu dem blinden Seher Teiresias gesandt, auf dass er ihnen sage, wer der Frevler sei, damit die todbringende Seuche enden könne. Teiresias aber stöhnte und schwieg. Erst als ihn Oidipus persönlich bedrängte und bedrohte, sprach er: »Schrecklich ist es, mit der Sehergabe leben zu müssen. Du selbst, Oidipus, bist die Ursache des ganzen Unheils. Du hast Laios erschlagen, deine eigene Mutter geehelicht, denn du selbst bist der verstoßene und ausgesetzte Königssohn aus Theben!« Oidipus lachte hysterisch auf, glaubte zunächst an eine Intrige von Kreon, um ihm den Thron streitig zu machen. Aber dann bezeugten der Überlebende des Überfalls am Kreuzweg und der brave Hirte, der den Säugling aussetzen sollte, die Wahrheit der Aussagen von Teiresias. Oidipus wankte, forderte dann ein Schwert und stürmte in den Königspalast zu Iokaste. Aber er kam zu spät, um Rechenschaft zu fordern. Die Königin, als sie die Nachricht von dem Vatermord und Inzest erreichte, erhängte sich in ihrem Schlafgemach. Oidipus griff nach einer der beiden goldenen Spangen, die das Gewand der Königin zusammenhielten, verfluchte sein Augenlicht, das ihn diese Scheußlichkeiten hatten sehen lassen, und blendete sich. Er übergab Kreon den Thron, bat, ihm das Stadttor zu öffnen und ihn aus Theben zu führen. Als blinder Bettler wolle er fernab seiner Heimat den Tod suchen.

Antigone aber fühlte Mitleid mit ihrem Vater und folgte ihm – zunächst gegen seinen Willen – in die Verbannung. Mit dem Blinden pilgerte sie, große Strapazen auf sich nehmend, zunächst erneut nach Delphi, um dort für Oidipus Sühne oder Trost zu suchen. Seine Bußfahrt, hieß es dort, werde lange dauern, am Ende aber werde er eine Zuflucht finden an einem heiligen Ort. So gelangten Oidipus und Antigone nach langer Wanderschaft schließlich zu dem Hügel Kolonos am Stadtrand von Athen. Dort befand sich ein Hain, geweiht den Rachegöttinnen, den Erinnyen. Er war gesäumt von Oliven- und Lorbeerbäumen und durfte von den Menschen nicht betreten werden. Oidipus aber wurde gewahr, dass er nun am Ziel seiner seltsamen Lebensreise angekommen war. Er beschwor die Erinnyen, ihn in Frieden aufzunehmen. Und er löste sich von der Hand Antigones, verabschiedete sich mit einem Kuss von ihr, schritt auf eine Felsöffnung in der Mitte des Hains zu. Die Unterwelt hatte sich für ihn geöffnet, Oidipus entschwand den Blicken der Menschen.

Danach vollendete sich der Fluch, der auf der thebanischen Herrscherfamilie lastete. Oidipus' Söhne töteten sich gegenseitig im Bruderkampf um den Thron. Der greise Kreon, Parteigänger von Oidipus' Sohn Polyneikes, verbot die Bestattung des Eteokles, um der Seele des Aufrührers den Eingang in den Hades zu verwehren. Die treue Antigone war empört und brach das Gebot Kreons, bestattete den Leichnam ihres Bruders. Ihr Onkel ließ sie daraufhin ergreifen und einmauern. Der Zorn der Götter forderte weitere Menschenleben:

Antigone, Kreons Ehefrau und sein einziger Sohn töteten sich selbst. Mit Ismene, die nicht gewaltsam, aber ohne Nachkommen starb, erlosch das Geschlecht des thebanischen Königshauses.

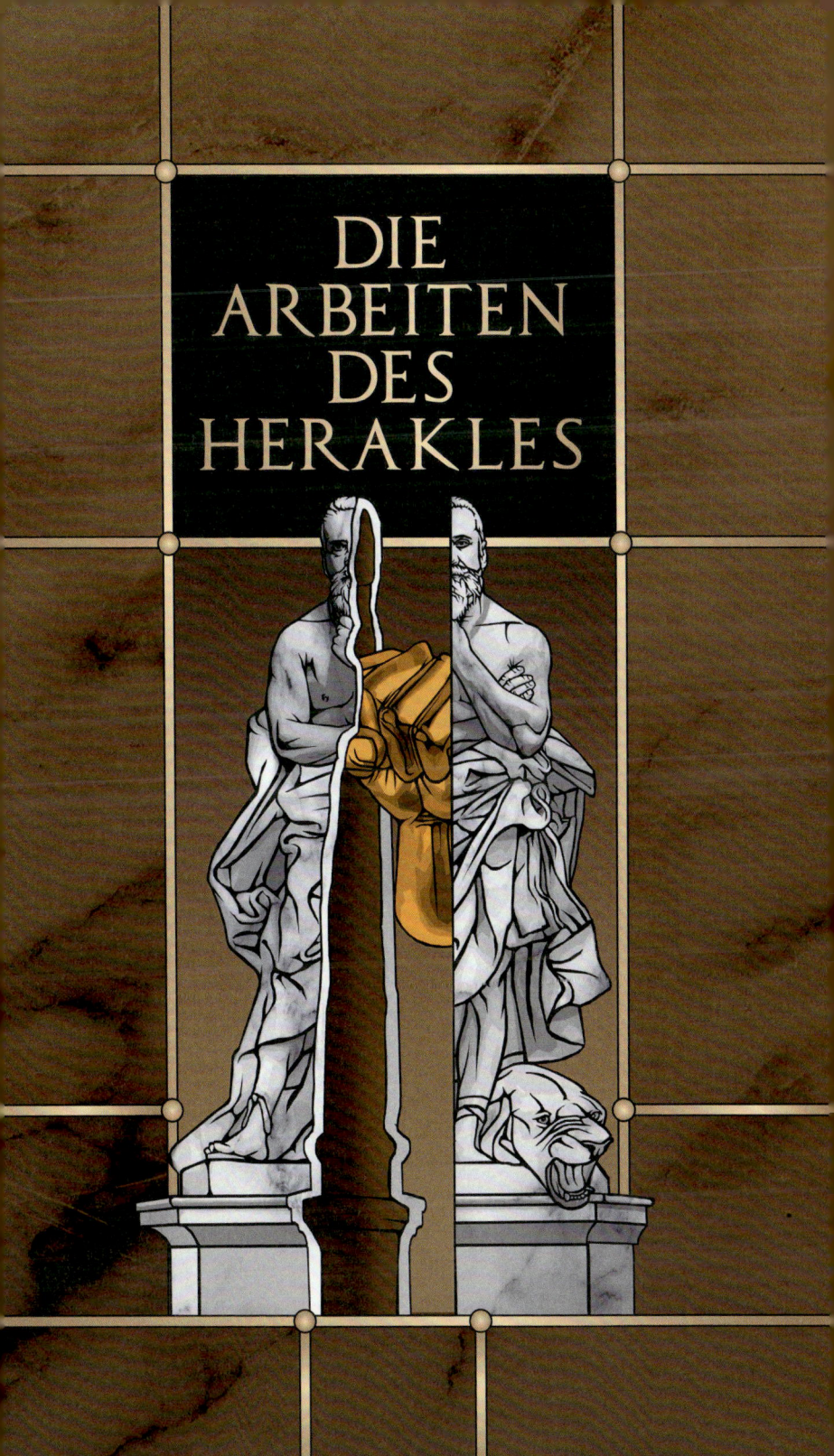

DIE ARBEITEN DES HERAKLES

Hera war er von Anfang an verhasst. Am besten wäre es, dachte sie, wenn man seine Geburt überhaupt verhindern könnte. Aber wenn das nicht gelänge, würde man hernach andere Wege suchen müssen, ihn zu beseitigen und in die Tiefen des Hades zu befördern.

Alkmene, die Tochter des Königs von Mykene, wartete ungeduldig auf ihren Verlobten Amphitryon, mit dem sie in der Stadt Theben in der Verbannung lebte. Schon seit mehreren Wochen war er für König Kreon auf Kriegszug, bald musste er zurück sein. Dessen Abwesenheit machte sich der lüsterne Zeus zunutze. Er nahm Amphitryons Gestalt an, begab sich zu Alkmenes Haus und sprach zu ihr: »Teure Alkmene, die Götter waren so gnädig, mir den Sieg zu schenken, kredenze mir einen Trunk und lass uns dann unsere Hochzeitsnacht feiern. Wer weiß, vielleicht muss ich Kreon schon bald bei einer neuen Aufgabe zur Seite stehen.« Alkmene, ahnungslos, aber überrascht und erstaunt über Amphitryons jähe Leidenschaft, legte sich mit ihm nieder. Und erwartete bald ein Kind. Schon vor der Geburt wurden ihr wunderbare Dinge geweissagt über die Zukunft des Sohnes. Nur Hera schien zu grollen, missgönnte ihrer Nebenbuhlerin den Nachkommen. Sie hatte Zeus das Versprechen abgerungen, dass sein nächster Abkömmling ein großes und mächtiges Königreich sein Eigen nennen solle. Da nun Alkmenes Niederkunft bevorstand, verzögerte Hera die Wehen und ein Enkel des Zeus, Eurystheus, wurde zuerst geboren, erhielt die versprochene Königswürde. Herakles, diesen Namen gab Alkmene ihrem Sohn, würde Eurystheus zu Diensten sein müssen, ob er wollte oder nicht.

In seinem Schlafgemach war der kleine Herakles nicht allein. Neben ihm lag sein Brüderchen Iphiklos, den Alkmene von Amphitryon empfangen hatte. Da schrie die Amme, die bei ihnen saß, entsetzt auf. Zwei riesige Schlangen, von der rachsüchtigen Hera entsandt, glitten durchs Fenster herein und schlängelten sich in Herakles' Wiege, um ihn im Schlaf zu erwürgen. Der aber erwachte, packte die scheußlichen Reptilien mit seinen beiden Händen und erstickte sie in seinen bloßen Fäusten. Die Eltern, durch das angstvolle Rufen der Amme herbeigeeilt, standen staunend vor der Wiege. Ein Wunder, hier mussten die Götter ihre Hand im Spiel haben! Der Seher Teiresias prophezeite ihnen, dass von Herakles noch große Dinge zu erwarten seien. Und Hera wurde gewahr, dass der Kampf mit diesem Halbgott ihre Kräfte übersteigen könnte.

Eines war jedenfalls für alle offensichtlich: Herakles war stark, sehr stark. Sein muskulöser Körper glich dem eines Unsterblichen. Er erhielt nun eine Erziehung, die eines Königssohns würdig gewesen wäre: Bogenschießen und Ringkampf, Wagenlenken und Lyraspiel, Fechten und Speerwerfen. In allen Disziplinen übertraf er seine Altersgenossen um Längen. Nur seinen Jähzorn zu zügeln, fiel Herakles schwer. Als ihn eines Tages sein Musiklehrer Linos tadelte und züchtigte, griff Herakles wutentbrannt nach seiner Leier und warf sie seinem Erzieher mit solcher Gewalt an den Kopf, dass Linos tot niedersank. Amphitryon schickte Herakles aus der Stadt und befahl ihm, seine Rinderherden zu hüten, dort könne er am besten zur Besinnung kommen. Herakles gehorchte, fand nun auf den Feldern weit draußen genügend Muße, um nachzudenken und Pläne für die Zukunft zu schmieden. Da kamen unversehens zwei Frauen des Weges, die er in der Gegend noch nie gesehen hatte. Die eine trug ein schlichtes, weißes Gewand, ihr Blick war freundlich, aber zurückhaltend. Die andere hingegen war stark geschminkt, prunkvoll gekleidet und machte dem jungen Mann unverhohlen Avancen: »Ich sehe, dass du darüber nachdenkst, wie du dein weiteres Leben gestalten könntest. Wenn du mich zu deiner Gefährtin machst, so wird es dir an Vergnügungen und Zerstreuung nicht mangeln, der Arbeit und anderen Unannehmlichkeiten kannst du hingegen aus dem Wege gehen, mit mir wirst du ein angenehmes, leichtes und glückliches Leben führen!« Da trat auch die andere Frau näher an ihn heran: »An meiner Seite wird dir leider nichts ohne Mühe und Anstrengung gelingen, das ist es aber, was die Götter letztlich fordern und damit wirst du sie, wenn du mir folgst, ehren. Außerdem solltest du deine Taten nicht zum eigenen Nutzen, sondern für andere vollbringen, um am Ende selbst Ehre und Ruhm zu erwerben.« »Das wird dir an meiner Seite viel leichter gelingen«, sprach wiederum die andere, »die Tugendhafte will dich auf einen beschwerlichen Weg führen, mit mir führt der Pfad direkt zum Glück und zur Lust.« »Überlege dir wohl, Herakles«, erwiderte nun die weißgekleidete Frau, »wem du folgen möchtest, vor den Ruhm haben die Götter den Schweiß und die Anstrengung gesetzt, ohne sie wirst du keinen Lorbeer ernten können.« Und sie entschwanden seinen Blicken. »Das Nichtstun«, dachte Herakles, »ist meine Sache nicht, das ist mir beim Hüten der Rinder deutlich geworden. Der Ruhm bedeutet mir viel, aber der Weg dorthin über den Kampf, das Messen meiner Kräfte mit Anderen, gefällt mir noch besser, das scheint meine Berufung zu sein, ich werde versuchen, den Rat der weißgewandeten Frau zu beherzigen.«

Auf dem Rückweg nach Theben holten Herakles Boten des Minyerkönigs Erginos ein. Sie befanden sich auf dem Weg in die siebentorige Stadt, um dort den fälligen Tribut einzufordern. Zuvor zogen sie, niemand würde dafür Rechenschaft fordern können, plündernd durch die thebanischen Lande. Herakles dachte, warum soll ich nicht gleich damit beginnen, die Ratschläge der tugendhaften Frau zu befolgen? Er schlug die überheblichen Herolde kurzerhand nieder, ließ sie, gefesselt und verstümmelt, zurück zu ihrem König bringen: »Hier kommt euer Tribut, einen anderen wird unsere Stadt nicht entrichten.« Voller Zorn brach Erginos nun mit einem gewaltigen Heer auf, in Theben solle danach kein Stein mehr auf dem anderen stehen, Gefangene oder Überlebende werde es nicht geben. König Kreon zögerte, wie er reagieren solle, aber Herakles versammelte kurzerhand eine kampfstarke Truppe um sich, übernahm die Befehlsgewalt, Athene selbst stiftete ihnen die Waffen. Trotz Unterzahl schlugen sie die Krieger des Erginos vernichtend, der König wurde von Herakles getötet. Danach stießen sie bis zur Hauptstadt der Minyer vor, brannten sie – auf Anordnung ihres Anführers – nieder: Den Tribut würden künftig die Minyer zu entrichten haben. Kreon, Theben, ja ganz Griechenland staunte über die Heldentat des jungen Herakles. Bei den heftigen Kämpfen war aber Amphitryon gefallen. Herakles betrauerte den Tod des Mannes, der wie ein Vater zu ihm gewesen war. Kreon reichte Herakles zum Dank die Hand seiner Tochter Megara, die Götter ließen ihm wertvolle Geschenke zukommen: Von Hermes erhielt er ein Schwert, von Apollon und Hephaistos Pfeile und einen goldenen Köcher.

In der Zwischenzeit war der Wohnsitz der Götter von einer furchtbaren Nachricht erschüttert worden. Die Giganten hatten sich aus der Unterwelt befreit. Die Monstren waren Gaias Kinder, schuppige Riesen mit gottgleichen Kräften. Sie wollten Rache nehmen für die Verbannung, die ihnen und ihren älteren Geschwistern, den Titanen, aufgezwungen worden war. Zeus und die Seinen, das war ihr Ziel, sollten für alle Zeiten vom Olymp vertrieben und selbst in die Tiefen des Hades gestürzt werden. Eine grauenvolle Spur der Zerstörung zogen sie bereits hinter sich her, ganze Berge wurden geschleift, Inseln versenkt. Den Meergott Poseidon und Hephaistos' Sonnenwagen wollten sie in ihre Gewalt bringen, danach den Olymp stürmen. Und Zeus vernahm inmitten dieses Aufruhrs der Riesen und der Elemente die Stimme des Orakels: »Nur ein Sterblicher kann euch zum Sieg über die Giganten führen.«

So schickte er Athene aus, Herakles zur Teilnahme an diesem Krieg der Unsterblichen aufzufordern. Die Schlacht war bereits in vollem Gange, als Herakles eintraf. Der Kriegsgott Ares führte mit seinem Streitwagen die Heerschar an, Zeus sandte seine todbringenden Blitze und Donnerschläge, aber erst die Pfeile des Herakles führten die Wende herbei. Die olympischen Götter trugen dank Herakles den Sieg davon, der Machtkampf war entschieden und die Giganten mussten zurückkehren in die Gefangenschaft im dunklen Tartaros. Herakles hatte die Gunst der Götter gewonnen, nur Hera grollte.

Herakles' Weg zum Ruhm schien nun vorgezeichnet, da verdüsterte sich erneut sein Gemüt, nein, Wahnsinn schien ihn befallen zu haben. Konnte die rachsüchtige Göttermutter hier ihre Hand im Spiel haben? Herakles halluzinierte, hielt seine und des Bruders Kinder für Schlangen und tötete sie. Als sich seine Sinne wieder klärten, sank er vor Megara und seinem Bruder Iphikles auf die Knie, bat weinend um Verzeihung. Schließlich verließ er Theben und wandte sich nach Delphi, um Klarheit darüber zu erlangen, ob er von dieser Schuld entsühnt werden könne. Apollon ließ ihm am Tempel verkünden, dass er sich nach Tiryns auf den Peloponnes bei Argos begeben solle. Dort herrsche König Eurystheus, ein Enkel des Zeus. In dessen Dienste solle er zwölf lange Jahre treten und erst wenn er die ihm dort auferlegten Arbeiten bewältigt habe, werde die Last der Schuld von ihm abfallen können. Und es wurde ihm in Aussicht gestellt, später selbst auf dem Olymp an der Tafel der Götter zu sitzen … Regungslos, aber widerwillig fügte sich Herakles dem apollinischen Schiedsspruch.

Eurystheus erwartete ihn bereits voller Schadenfreude. Er hoffte, dass Herakles schon bei einer der ersten »Arbeiten«, die er ihm nun auferlegen würde, scheitern und umkommen würde. Ohne weitere Umschweife rief er ihn zu sich: »Auf dem Peloponnes, in der Gegend um Nemea, treibt ein schrecklicher Löwe sein Unwesen, bring mir sein Fell und du hast deine erste Aufgabe gelöst!« Wilde Tiere konnten Herakles nicht schrecken, nur mit Pfeil und Bogen bewaffnet, machte er sich auf den Weg. Aber die Suche nach dem Nemeischen Löwen dauerte länger, als er gedacht hatte. Und groß war seine Überraschung, als seine Pfeile vom Körper des Tiers abprallten wie von einem Marmorstandbild! War diese Katze nicht aus Fleisch und Blut? Als der wütende Löwe angriff, blieb ihm nichts anderes übrig, als sich – wieder einmal – auf seine enormen Körperkräfte zu verlassen. Er packte die gewaltige Raubkatze von hinten und würgte sie, bis sie entseelt zu Boden sank. Erst mit den Klauen des Tieres selbst gelang es ihm, den Löwen zu häuten. Als er dem König das Fell vor die Füße warf, zuckte Eurystheus zurück, befahl Herakles, künftig vor dem Stadttor auf seine weiteren Befehle zu warten. Der Held aber ließ sich aus dem ehernen Löwenfell einen prächtigen, schützenden Umhang anfertigen.

Die Hydra von Lerna zu erlegen, sollte seine zweite Aufgabe sein. Sie lebte in einem riesigen Sumpfgebiet, unternahm aber Raubzüge zu den nahe gelegenen Weidegebieten, wo sie ganze Ochsen verschlang. Ihr Leib glich dem einer Wasserschlange, darauf saßen aber neun Köpfe. Der Pesthauch, der aus ihren Rachen entströmte, solle für den Menschen schieres Gift sein, erfuhr Herakles unterwegs, und – zu allem Übel – einer der Schlangenköpfe sei unsterblich. Auf dieser Reise wurde er von seinem Neffen Iolaos begleitet, der das Gefährt der beiden lenkte. Mit brennenden Pfeilen lockten sie die schreckliche Hydra zunächst aus ihrer Höhle und Herakles drang mit seiner Keule zu ihr vor. Aber aus jedem zerschmetterten Haupt wuchsen alsbald zwei neue empor. Da befahl Herakles dem Iolaos, den ganzen Wald anzuzünden. In dem Flammenmeer konnten die Köpfe nicht nachwachsen. Schließlich trennte ihr Herakles das unsterbliche Haupt mit einem gewaltigen Streich

ab, die Hydra verendete. Die Spitzen seiner Pfeile tauchte er in ihr toxisches Blut und verscharrte die Überreste des Monsters. Der König war dieses Mal wenig beeindruckt, wollte die Erledigung der Aufgabe nicht anerkennen, da Herakles sie nicht allein erledigt habe.

Die Hirschkuh Keryneia war im Hochland der Peloponnes zu Hause. Ein goldenes Geweih soll ihren Kopf gekrönt haben, auf goldenen Hufen bewegte sie sich durch die Wälder, uneinholbar schnell und niemals müde. Sie zählte zu Artemis' Jagdheiligtum, sie zu töten, hätte eine furchtbare Strafe nach sich gezogen. Dieses Tier lebendig einzufangen und zu ihm zu bringen, damit er es in seiner Menagerie ausstellen könne, war Eurystheus' nächster Auftrag. Herakles streifte lange durch die arkadischen Wälder und Haine, bis es ihm gelang, die kerynitische Hirschkuh aufzuspüren. Noch länger dauerte es, sie zu jagen. Schließlich lähmte er sie mit einem präparierten Pfeil, trug sie ohne Umschweife zu Eurystheus und ließ sie hernach, um Artemis nicht zu verärgern, wieder frei.

Das Einfangen des wilden erymanthischen Ebers gelang Herakles wiederum ohne Mühe. Auch dieses gewaltige Tier, das er im tiefen Schnee müde gehetzt hatte, brachte er dem König lebend. Eurystheus verkroch sich dieses Mal in einem Tonkrug, so sehr ängstigten ihn die gewaltigen Hauer des Keilers. Wütend hielt er nun eine wahrhaft erniedrigende Aufgabe für Herakles bereit. In Elis besaß Augias riesige Rinderherden, die an der Küste des Ionischen Meeres weideten. Ihre Stallungen befanden sich aber nahe am Palast des Herrschers, waren nie ausgemistet worden, das Anwesen stank buchstäblich zum Himmel. Diesen ganzen Dreck, noch dazu an einem einzigen Tag, solle Herkules beseitigen. Das sei, lachte Eurystheus, doch sicher eine Aufgabe nach seinem Geschmack. Der Halbgott aber rümpfte noch nicht einmal die Nase und fasste umgehend einen Plan, den er mit seinen Fähigkeiten umsetzen würde: Mit bloßen Händen riss er das Gatter des Viehhofs auf der einen Seite ein und leitete das Bett der in der Nähe befindlichen Flüsse Alpheios und Peneios so um, dass der durch seine herkulische Kraft entstandene Kanal allen Mist und Unrat in und um die Stallungen mit seinen Wassermassen hinwegspülte.

Eurystheus war mit dieser unkonventionellen Lösung der Aufgabe nicht einverstanden, stellte aber dennoch gleich die nächste: Die Stymphaliden sollten vertrieben werden. Sie waren grässliche Raubvögel, die schon Iason auf der Fahrt nach Kolchis das Fürchten gelehrt hatten. Ihre Horste fanden sich zu Tausenden in den Wäldern Arkadiens. Ihre schrecklichsten Waffen waren die Eisenfedern, die sie wie Metallpfeile gegen Menschen und Tiere einsetzten und damit Angst und Schrecken verbreiteten. Auch ihre großen, gebogenen Schnäbel sowie ihre Krallen blitzten ehern in der Sonne. Herakles musste sich erneut auf eine weite Wanderschaft begeben. Aber mit diesen gewaltigen Vogelschwärmen, dachte er, werde ich nicht kämpfen und deshalb auch nicht siegen können. Man würde ganze Fuhrwerke an Pfeilen benötigen, um diesem teuflischen Schwarm erfolgreich zu Leibe rücken zu können. Da stand plötzlich Pallas Athene hinter ihm und legte ein Paar große, eherne Klappern in seine Hände. Er lächelte dankbar. So würde es gehen können. Und er bestieg den nahe gelegenen Berg. Das Rasseln, das er von dort hören ließ, erzeugte einen solch infernalischen Lärm, dass die Stymphaliden jeglichen Kampfesmut verloren, sich ohne weitere Gegenwehr in die Lüfte erhoben und verschwanden.

Auch den minoischen Stier und die menschenfressenden Stuten des Diomedes bändigte Herakles und konnte sich darauf Eurystheus' neunter Aufgabe stellen: »Bring mir den Gürtel der Amazonenkönigin Hippolyte, er soll Zauberkräfte besitzen und fürderhin das Gewand meiner Tochter Admete schmücken!« Also brach Herakles, zusammen mit wenigen

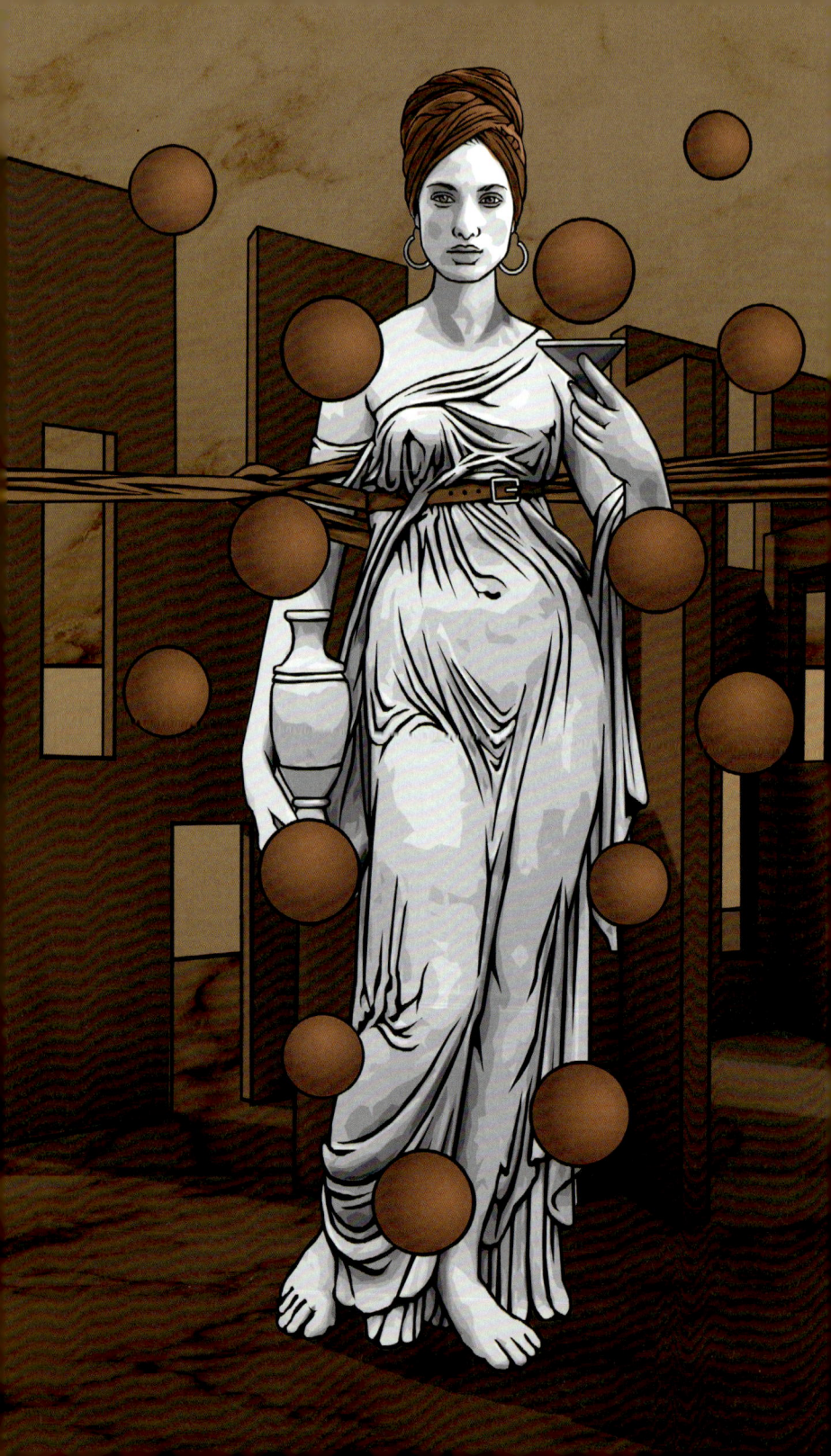

Getreuen, wieder auf zu einer langen Reise, diesmal nach Themiskyra, weit im Norden Anatoliens, nahe des Schwarzen Meeres gelegen. Die Amazonen lebten dort in Frieden mit ihren Nachbarn, waren aber dessen ungeachtet in der Kriegskunst vortrefflich ausgebildet und mussten keinen Feind fürchten. Nur ihre Töchter konnten Kämpferinnen werden. Ihre gefährlichste Waffe war die Labrys, eine schwere und todbringende Doppelaxt. Und unnachahmlich saßen sie mit ihrem halbmondförmig geschmiedeten Schild, der Pelte, zu Pferde. Herakles war überrascht, als er von den Amazonen überaus freundlich empfangen und eingeladen wurde, an einem feierlichen Gastmahl teilzunehmen. Seine Frage nach dem Zaubergürtel, den er für seinen König fortzuführen gedachte, beantwortete Hippolyte gelassen: »Wenn dir dies als Arbeit der Götter auferlegt ist, so überlasse ich ihn dir gerne und werde mich mit einem anderen Wehrgehenk zu gürten wissen.« Die missgünstige Hera aber hatte sich unerkannt unter die Amazonen gemischt und streute das Gerücht, dass Herakles gekommen sei, ihre Königin zu überwältigen und als Sklavin in seine Heimat zu entführen! Die Kriegerinnen empörten sich über das üble Vergelten ihrer Gastfreundschaft und rüsteten sich unvermittelt zum Kampf, drangen mit Gewalt auf die Griechen ein. Nun griffen auch Herakles und die Seinen zu den Waffen und ein erbittertes Ringen hob an. Die Amazonen schienen im Vorteil zu sein, aber der Physis des Herakles hatten sie nichts Gleichwertiges entgegenzusetzen. Er tötete viele Kriegerinnen und nahm ihre Anführerin Melanippe gefangen. Was friedlich begonnen hatte, endete mit Gewalt und Tod. Am Ende tauschten die Griechen ihre Geisel Melanippe gegen den Gürtel aus, den Herakles, zurück in der Heimat, dem Eurystheus überreichte.

Seine letzte Arbeit sollte Herakles nach Iberien führen. Dort herrschte Chrysaor, ein Abkömmling der Medusa, mit seinen vier Söhnen. Einer von ihnen, aus seiner Hüfte waren drei Leiber mit drei Köpfen, sechs Armen und sechs Beinen gewachsen, trug den Namen Geryones und besaß auf einer Insel, unweit der Felsen von Gibraltar, rotbraune Rinder, um die ihn alle Welt beneidete. Sie wollte Eurystheus besitzen, und zwar die ganze Herde. Eine wahrhaft herkulische Aufgabe! In Kreta sammelte Herakles eine Schar Begleiter um sich, setzte mit ihnen nach Nordafrika über, errichtete auf dem Weg nach Iberien jeweils eine gewaltige Säule auf beiden Seiten der Meerenge. Hier am Ausgang des Mittelmeers zum Atlantischen Ozean sollten sie künftig das Ende der bekannten Welt anzeigen. Mit einem goldenen Nachen, den ihm der Sonnengott überlassen hatte, segelte er in die Bucht von Cadiz. Dort erwarteten ihn bereits die Heere der vier Brüder. Nach schweren, langwierigen und verlustreichen Kämpfen siegten schließlich die griechischen Kämpfer, Herakles tötete den gewaltigen Geryones, verwundete mit seinem Pfeil Hera, die in den Kampf einzugreifen versuchte, und trieb die kostbaren Tiere, ohne ein einziges Rind zu verlieren, durch Spanien, Italien und schließlich mit Schiffen von Sizilien aus über die stürmische See heimwärts zu Eurystheus, der vergeblich gehofft hatte, dass der Halbgott in Iberien sein Leben würde lassen müssen. Verschlagen beglückwünschte er Herakles zu seinem neuerlichen Triumph, erklärte aber zwei der bisherigen Arbeiten für nicht erfüllt, da Herakles sich dabei der Hilfe Dritter bedient und damit gegen die Vereinbarungen verstoßen habe. Dafür werde er Ersatz leisten müssen und solle nun noch die Äpfel der Hesperiden für ihn pflücken und den Höllenhund Kerberos entführen. Danach sei er frei.

Mit den Hesperidenäpfeln hatte es folgende Bewandtnis: Die Erdgöttin Gaia hatte einst Zeus und Hera wundersame Äpfel als Hochzeitsgeschenk überreicht, sie wurden in die Obhut der Hesperiden gegeben. Die Nymphen, Töchter der Göttin der Nacht, vergruben die Äpfel und aus dieser Saat gingen Bäume hervor, die herrliche, nie gesehene goldene Äpfel trugen. Bewacht wurde der Hain von dem Drachen Ladon, der jedem Fremden den Eingang zu dem paradiesischen Garten verwehrte. Sein hundertköpfiger riesiger Leib schien keinen Schlaf zu benötigen, vieläugig hatte er die Äpfel der Hesperiden immer im Blick. Diese Früchte nun sollte Herakles rauben und er machte sich wieder auf in unbekannte, weit entfernte Weltgegenden. Auf der langen Reise vollbrachte er weitere Taten, tötete Riesen, kämpfte mit Göttern. Und rastete am Kaukasusgebirge, um den dort angeschmiedeten Prometheus endlich von seiner Marter zu erlösen. Schließlich erreichte er den Titanensohn Atlas, der auf seinen Schultern die Last des Himmelsgebäudes zu tragen hatte. Der dankbare Prometheus hatte ihm geraten, den Raub der goldenen Äpfel Atlas zu überlassen, er sei der Vater der Hesperiden und ihm würde der Zugang zum Garten seiner Kinder leichter fallen als Herakles. »Höre, Atlas«, sprach der also zu ihm, »lass mich die Last des Himmels übernehmen, während du, vorübergehend von der Bürde befreit, deine Töchter aufsuchen magst.« Wie vorhergesehen gelang es Atlas, den Drachen einzuschläfern, ihn hernach zu töten. Mit drei Hesperidenäpfeln kehrte er zu Herakles zurück. »Erst jetzt ist mir klar geworden«, sagte er, »welche Last es bedeutet, den Himmel zu tragen. Ich will nun lieber frei bleiben und überlasse dir gern dieses Joch. Die Äpfel magst du zum Ausgleich behalten.« Herakles erwiderte: »So soll es sein. Bitte übernimm die Last noch einmal für wenige Augenblicke, damit ich mir ein starkes Band um den Kopf schlinge, auf dass er mir nicht zerspringt!« Atlas nickte, Herakles ergriff die Äpfel und ließ ihn mit seiner Last allein zurück. Mit den Äpfeln der Hesperiden vermochte Eurystheus nichts anzufangen. Und so gab Athene sie wieder in den heiligen Hain zurück, aus dem sie geraubt worden waren. Seinem Ziel, Herakles zu vernichten, war Eurystheus nicht näher gekommen, die vielen Heldentaten hatten vielmehr Herakles' Ruhm beständig wachsen lassen.

Kerberus war der Name des riesenhaften, vielköpfigen Höllenhundes. Und dieses hatte sich Eurystheus als letzte Aufgabe ersonnen: Herakles solle ihn aus dem Hades entführen! »Zur Unterwelt kann man als Lebender gar nicht gelangen, es ist ja gerade die Aufgabe des Kerberus, es zu verhindern, wie sollte dies für mich möglich sein?«, sinnierte Herakles. »Ich werde mir kundigen Rat holen müssen. Und den Weg dorthin muss ich mir auch beschreiben lassen.« Hermes, der Bote der Götter, erklärte sich bereit, ihn zu führen. Vom Acheron, dem schwarzen Fluss, auf dem Charon die Toten in die Unterwelt führt, gelangte Herakles, ohne dass ihn jemand aufhielt, in das Schattenreich und forderte Hades auf, ihm den Hund zu überlassen. Als sich der Gott der Unterwelt weigerte, schoss ihm Herakles einen Pfeil in die Schulter! Er packte den Kerberus, würgte und fesselte ihn und schleppte das sich sträubende Monstrum vor den Palast des Eurytheus. Der erkannte nun, dass er Herakles niemals bezwingen würde, und entließ ihn nach nunmehr zwölf Arbeiten aus seinem Frondienst. Herakles aber brachte den Höllenhund wieder an seinen angestammten Platz in der Hölle zurück.

Herakles' Kräfte überstiegen menschliche Dimensionen. Furcht vor furchterregenden Untieren, Riesen oder Göttern war ihm unbekannt. Anstrengungen, wie groß sie auch sein mochten, konnten ihn nicht schrecken. Mit seinen eigenen Dämonen kam er hingegen nicht zurecht. Seinen Lehrer hatte er wegen einer Nichtigkeit im Jähzorn erschlagen, zwei der Kinder, die ihm Megara geboren hatte, meuchelte er in geistiger Umnachtung. Und als ihm der König von Thessalien, Eurytos, einen Wunsch nicht erfüllte, ergrimmte ihn das so sehr, dass er dessen Sohn tötete, obwohl der ihm aufrichtig zugetan war. Dafür belegten ihn die Götter mit einer weiteren Strafe: Drei

Jahre solle er als Sklave dienen, der Lohn dafür sei Eurytos als Entschädigung für den Mord abzutreten.

Als ihn die Königin von Lydien, Omphale, erwarb, vollbrachte er zunächst weitere Heldentaten in ihren Diensten. Sie fand mehr und mehr Gefallen an ihrem Luxussklaven und die beiden wurden schließlich ein Liebespaar, aber was für eines! Omphale trug nun das Fell des Lernäischen Löwen, Herakles' Erkennungszeichen als Krieger, und er selbst wandelte in Omphales kostbaren Frauenkleidern durch den Palast. Man traute seinen Augen kaum! War das Herakles' freier Wille oder hatte sich wieder ein Schatten auf sein Gemüt gelegt? Endlich war auch diese Dienstzeit zu Ende und er nahm voller Scham Abschied.

Auf dem Rückweg kam Herakles zu König Oineus in Ätolien, in Westgriechenland am Golf von Patras gelegen. Oineus hatte eine Tochter, Deianira, deren Schönheit weithin besungen wurde. Aber der Flussgott Acheloos verfolgte und bedrängte sie. Herakles forderte ihn zum Zweikampf. Beide schienen einander an Kampfesmut ebenbürtig zu sein. Weder mit seinen herrlichen Waffen noch mit seiner großen Körperkraft konnte Herakles einen entscheidenden Vorteil erringen. Der Flussgott passte immer wieder seine Gestalt den Erfordernissen des Kampfes neu an, mal war er Kentaur, dann plötzlich Schlange. Am Ende aber siegte doch Herakles, Acheloos verschwand in den Fluten, Deianira versprach sich dem Sieger. Herakles wollte mit ihr für immer am Hof seines Schwiegervaters bleiben, aber ein weiterer Totschlag im Jähzorn zwang ihn zur neuerlichen Buße und er ging mit Deianira und ihrem in der Zwischenzeit geborenen Sohn wieder auf Wanderschaft. Bei der Überquerung eines Flusses wurde Deianira von dem Fährmann, dem Kentauren Nessos, bedroht. Herakles war mit seinem Sohn Hyllos vorangegangen, hörte ihre Hilferufe und schoss dem Nessos, ohne auch nur eine Sekunde zu zögern,

einen seiner Giftpfeile in den Leib. Im Todeskampf sprach der Kentaur zu Deianira: »Vergib mir meine Zudringlichkeit, die ich sehr bereue! Fange als Sühne etwas von meinem Blut auf, bewahre es und du kannst es als Liebestrank einsetzen. Sollte die Zuneigung deines Gatten eines Tages nachlassen, so bestreiche sein Gewand mit meinem Blut und seine Zärtlichkeit wird wieder zunehmen.« Deianira glaubte ihm, barg etwas von seinem Blut in einer Phiole und eilte, um Herakles wieder einzuholen.

Viele Jahre später, Hyllos war schon zum strahlenden Jüngling herangewachsen, kehrte Herakles von einem siegreichen Feldzug zurück und führte im Gefolge eine schöne Gefangene mit sich: die Königstochter Iole. Gerüchte kamen auf, dass Iole die neue Gefährtin an Herakles' Seite sei. Auch Deianira ahnte, dass ihr mit der kapriziösen Iole eine ernsthafte Rivalin um die Gunst des Helden erwachsen würde, und erinnerte sich wieder an die Wundergabe des Kentauren. Herakles stand derweil am Altar seines Vaters Zeus und brachte ihm nach der gewonnenen Schlacht Opfer dar. Ein Bote Deianiras trat nun zu ihm, brachte ein edles Gewand mit wertvollen Stickereien, welches ihm seine Gattin schicke und das er zum feierlichen Ritus anlegen solle. Dankbar nahm Herakles das Geschenk entgegen. Kaum aber hatte er das Gewand angelegt, der Stoff seine Haut berührt, da fraß sich das Gift des Nessos in seinen Körper. Herakles versuchte, es sich vom Leib zu reißen, aber es schien mit ihm verwachsen zu sein. Sein muskulöser Körper, der ihn in allen Kämpfen nicht im Stich gelassen hatte, schien zu glühen. Und kein Feind in der Nähe, an dem er sich hätte rächen können. Besinnungslos vor Schmerz schrie er: »Errichtet rasch einen Scheiterhaufen, auf dass ich mich selbst verbrenne und von diesen Höllenqualen erlöst werde.« Und so geschah es. Dann fuhr ein gewaltiger Blitz vom Himmel herab und Herakles war der Erde entrückt, nahm endlich Platz an der Tafel der Unsterblichen hoch oben auf dem Olymp. So erfüllte sich für Herakles auch dieser Orakelspruch: »Kein lebender Mensch wird dich je besiegen. Du wirst durch einen Toten getötet.«

THESEUS
UND DER
MINOTAURUS

igeus' Ehe war ohne Nachkommen geblieben. Als Herrscher über Athen und Nachfahre eines mächtigen und berühmten Geschlechts sorgte er sich, dass ihm sein Bruder Pallas, der mit fünfzig Söhnen gesegnet war, den Thron streitig machen und ihn verjagen könnte. Warum nicht eine andere Frau suchen und mit ihr einen Sohn zeugen, der die direkte Erbfolge sicherte? Die erste Ehefrau, mit der dies offenbar nicht glücken wollte, brauchte davon ja nicht unbedingt zu wissen … Seine Wahl fiel auf die Tochter eines Freundes, die liebreizende Aithra. Ihr war zwar geweissagt worden, dass ihre Heirat unter keinem glücklichen Stern stehen würde, aber sie erhörte Aigeus' Brautwerbung. Nachdem die Ehe vollzogen war, kehrte der König nach Athen zurück und sprach zu Aithra: »Wenn dich die Götter mit einem Sohn segnen sollten, so schenke ihm all deine Liebe, aber sage ihm nicht, wer sein Vater ist. Erst wenn er den Felsblock am Fluss, unter dem ich mein Schwert und meine Sandalen verborgen habe, emporstemmen kann, soll er seine Abkunft erfahren und sich dann bei mir in Athen einfinden.«

Und Aithra gebar einen Sohn, den sie Theseus nannte. Sie ließ es bei seiner Erziehung an nichts fehlen, sie war eines Königssohns würdig. Theseus übertraf bald alle seine Gefährten und Altersgenossen an Intelligenz und Mut. Besonders im Kampf und bei der Jagd zeigten sich seine außergewöhnlichen Begabungen. Aithra erkannte, dass er neue und besondere Herausforderungen brauchen würde. Sie führte ihn an das Ufer des Flusses zu dem mächtigen Felsbrocken, unter den Aigeus seine Insignien gelegt hatte. Ohne Anstrengung hob ihn Theseus an, seine Mutter gürtete ihm das Schwert um, band ihm die Sandalen. »Nun segele nach Athen, mein Sohn, deinen Vater zu treffen! Die Götter seien mit dir!« Theseus aber wählte den Landweg, um zu seinem Vater zu gelangen, ihn reizten die Abenteuer, die hier auf ihn warten würden.

Und bei Epidauros auf dem Peloponnes traf er schon auf den ersten, weithin berüchtigten Wegelagerer. Als »Keulenschwinger« verbreitete der hünenhafte Räuber Angst und Schrecken. Als Theseus heranschritt, fiel er sogleich mit seiner eisenbewehrten Keule über den Jüngling her. Theseus zögerte keinen Augenblick, zückte das Schwert seines Vaters und erschlug ihn. Die Keule nahm er als Trophäe des Kampfes mit. Dann erreichte er die Landenge bei Korinth, hier trieb ein weiterer riesenhafter Einzelgänger sein Unwesen: Der Fichtenbeuger band seine Gefangenen an die Wipfel zweier Bäume, die er mit unmenschlicher Kraft heruntergezogen hatte, und ließ seine bedauernswerten Opfer von dem emporschnellenden Astwerk zerreißen. Theseus machte ihn mit seiner gerade erst erworbenen Keule bekannt und befreite Korinth für immer von dem Unhold. Kurz vor Athen lauerte ihm das Monstrum Prokrustes auf. Es lud ahnungslose Wanderer ein, in seinem Haus zu nächtigen. Dort gab es zwei Übernachtungsmöglichkeiten, ein sehr kleines und ein sehr großes Bett. War der Gast von beträchtlicher Körperlänge, so wurde er in das kleine Bett gezwungen und von Prokrustes mit einem Beil verstümmelt, bis er in die Lagerstatt »passte«. War er von minderem Wuchs, so »streckte« und »dehnte« ihn das Ungeheuer zu Tode. Theseus packte den grausamen Wirt, warf ihn in das große Bett und machte dem Folterer in seiner Werkstatt den Garaus. Er reinigte sich am Fluss Kephissos von den Kämpfen und dem reichlich vergossenen Blut. Als Held wurde er bereits in Athen vom Volk erwartet, das von seinen Taten gehört hatte.

Aber die Athener befanden sich in heller Aufregung. Der kretische König Minos hatte sie in einer kriegerischen Auseinandersetzung besiegt und ihnen auferlegt, alle neun Jahre sieben junge Männer und Frauen nach Kreta zu schicken, wo sie dem Minotaurus geopfert werden sollten. Bei Theseus' Ankunft war der grässliche Tribut zum dritten Mal fällig. Er sprach: »Ich werde die Jungfrauen und Jünglinge auf ihrer Fahrt nach Knossos begleiten, den Stiermenschen besiegen und die Geiseln zurück in ihre Heimat führen.« Seinem Vater Aigeus, dem er sich bereits vorgestellt hatte, versprach er, diese Last für immer von den Schultern Athens zu nehmen und unversehrt zu ihm zurückzukehren. Und die Zeichen schienen günstig zu sein: Das Orakel in Delphi, von ihm befragt, ließ vernehmen: »Die Götter werden deine Unternehmung wohlwollend begleiten, wenn du der Liebe die Führung überlässt.« Mit dem König vereinbarte Theseus, dass er bei einer glücklichen Heimfahrt mit weißen Segeln in den Hafen fahren werde. Sollte die Unternehmung scheitern, würde das Schiff hingegen schwarz beflaggt in Piräus einlaufen.

Die Seefahrt nach Kreta war stürmisch, ängstlich drängten sich die jungen Frauen und Männer um Theseus. Endlich erreichten sie den Hafen von Iraklio. Theseus opferte der Liebesgöttin Aphrodite, um ihr zu danken und die Götter weiterhin gnädig zu stimmen. Am Hof von Minos wurde er zurückhaltend empfangen, nur die Blicke einer jungen, sehr schönen Frau schienen die ganze Zeit auf ihn gerichtet zu sein. Es war Ariadne, die Tochter des Königs, die ihn beobachtet hatte, schließlich beiseitezog und flüsterte, dass sie ihm im Kampf mit dem Minotaurus beistehen wolle. Er könne ihn schwerlich allein besiegen. Ob er verspräche, sie nach dem gewonnenen Kampf als seine Braut mit nach Athen zu nehmen? Theseus staunte. Das also hatte Pythia gemeint, als sie ihm verkünden ließ, »dass er der Liebe die Führung« überlassen solle … Er umarmte Ariadne, dankte ihr und sagte, dass er sie mit Freuden zur Frau nehmen wolle. Darauf händigte ihm Ariadne einen großen Knäuel Schafwolle aus, den er in den mäanderartigen Gängen des Labyrinths unter dem Palast von Knossos abwickeln solle, um wieder den Weg heraus aus dem unterirdischen Irrgarten zu finden, in dem der Minotaurus hause.

»Und dieses Schwert mit Zauberkräften wird dir helfen, dem Fabelwesen zu begegnen und es zu besiegen.« Zusammen mit den griechischen Geiseln betrat Theseus nun die Höhle des Minotauros, das sagenhafte Labyrinth. Alle Gänge schienen gleich auszusehen. Nie wusste man, ob man rechts oder links abbiegen sollte, aber Theseus folgte seiner Eingebung und seinem Geruchssinn, spulte, wie Ariadne es ihn geheißen hatte, den Wollfaden ab, bis er spürte, dass das Ungeheuer sich in den dämmrigen Stollen nun in unmittelbarer Nähe befinden müsse. Und hinter der nächsten Biegung stand der Minotaurus direkt vor ihm. Er hatte ihn sich größer vorgestellt, aber die Bestie spie giftigen Brodem und stürzte sich sofort geifernd auf die Eindringlinge. Es war ein Kampf auf Leben und Tod, die jungen Männer und Frauen schrien vor Entsetzen und Angst, bis Theseus schließlich dem Stiermenschen sein Schwert in den Leib stieß, so dass er sein unseliges Leben aushauchte. Der ausgelegte Ariadnefaden führte sie hernach sicher wieder ins Freie. Im Hafen zerschlugen sie eilig die Holzplanken der dort ankernden minoischen Schiffe, nahmen Ariadne an Bord und stachen in See. Bei einem Halt auf der Insel Naxos forderte Dionysos einen Tribut anderer Art von dem Brautpaar: Theseus solle Ariadne auf Naxos zurücklassen, er selbst begehre sie zur Frau. Ariadne blieb unter Tränen zurück, mit einem Gott mochte Theseus nicht kämpfen.

Unterdessen wartete Aigeus ungeduldig auf die Rückkehr seines Sohnes. Der aber saß, um Ariadne weinend, auf einer Bank am Ende des Schiffes. Die weißen Segel zu setzen, hatte er vergessen, er starrte gedankenverloren auf die Wellen. So stand der greise König der Athener am Kap und sah die schwarzen Leinensegel der einfahrenden Pentere, tiefe Trauer bemächtigte sich auch seines Herzens. Theseus und die jungen Athenerinnen und Athener waren umgekommen, es war sinnlos, nun weiter zu leben. Und er stürzte sich vom Felsen hinab ins Meer. Das Orakel hatte ihm einst, in der Zeit der Kinderlosigkeit, prophezeit: »Besser wird es sein, wenn du keinen Sohn zeugst, denn ein Nachkomme würde dir den Tod bringen.« Die Athener feierten den heimkehrenden Theseus zusammen mit den geretteten jungen Frauen und Männern wie einen Volkshelden. Theseus, schuldig am Tod seines gerade wiedergefundenen Vaters, musste nun dessen Königskrone übernehmen. Viele Jahre übte er weise und vorausschauend die Regierungsgeschäfte aus. Er befriedete den Stadtstaat Athen, gab ihm richtungsweisende Gesetze und eine fortschrittliche Verfassung. Zusammen mit seiner Frau Hippolyte verlebte er viele glückliche Jahre, erst an seinem Lebensabend zog eine neuerliche Katastrophe herauf.

Nach dem Tod von Hippolyte heiratete Theseus wieder, die junge und schöne Phaidra. Ihre Gestalt und ihre Gesichtszüge erinnerten ihn an Hippolyte, ihr Wesen hätte aber nicht unterschiedlicher sein können. Oder war sie von Aphrodite mit einem sonderbaren Liebeszauber betört worden? Sie fühlte sich jedenfalls stark angezogen von ihrem Stiefsohn Hippolytos. Obwohl sie das Unrecht der Leidenschaft ahnte, konnte und wollte sie davon nicht lassen, zog schließlich die alte Amme des jungen Mannes, Oenone, ins Vertrauen, die ihr bei ihren Plänen helfen sollte. Oenone riet Hippolytos, Theseus während dessen Abwesenheit zu stürzen und den Thron mit seiner Stiefmutter zu teilen. Hippolytos war über das frevelhafte Ansinnen entsetzt, wies alle Werbungen Phaidras energisch zurück, floh aus dem Königspalast zum Hain der Göttin Artemis, um dort die Rückkehr seines Vaters abzuwarten. Phaidra, bestürzt über die Zurückweisung und voller Furcht vor dem Zorn ihres Mannes, tötete sich daraufhin selbst. In ihren Händen fand der zurückgekehrte und entsetzte Theseus einen Brief, den Phaidra vor ihrem Selbstmord geschrieben hatte. Darin bezichtigte sie Hippolytos, sie zum Ehebruch und

Verrat angehalten zu haben, dieser Bedrohung habe sie nur durch den Ausweg ihres selbstgewählten Todes entkommen können. Theseus verstand die Welt nicht mehr. Er verfluchte seinen Sohn. Und Poseidon solle ihm die Rache an Hippolytos abnehmen, dafür sorgen, dass er die Sonne dieses Tages nicht mehr untergehen sehe.

Als der ahnungslose Hippolytos, dem die Rückkehr seines Vaters hinterbracht worden war, in Athen eintraf, wurde er von Theseus statt eines herzlichen Empfangs mit Verwünschungen überhäuft. Hippolytos erklärte sich frei von jeglicher Schuld, berichtete Theseus von den Intrigen Phaidras und Oenones, aber der Vater legte ihm wortlos Phaidras Abschiedsbrief vor. Weitere Erklärungen benötige er nicht. Hippolytos solle sofort die Polis verlassen, die Vergeltung wäre nun eine Angelegenheit der Götter, er selbst wolle die Hand gegen ihn nicht erheben. Noch am gleichen Tag, es begann bereits zu dämmern und Hippolytos lenkte seinen Wagen auf einen Pfad an der Küste, um sich im nächsten Hafen einzuschiffen, rollten gewaltige Wassermassen heran, die die Küstenstraße zu überspülen drohten. Hippolytos' Pferde scheuten, verweigerten dem Fahrer die Gefolgschaft, rasten wie von Dämonen getrieben voran und schleiften Hippolytos an den Felswänden zu Tode.

Theseus nahm die Nachricht seines Todes mit finsterer Miene und ohne Gefühlregung entgegen. Da stürzte Oenone herein, die ihr furchtbares Wissen nicht länger für sich behalten wollte: Allein Phaidra trage die Schuld an dem Komplott gegen ihn, sie habe versucht, Hippolytos zu verführen. Er habe sie entsetzt zurückgewiesen. Theseus stand wie vom Donner gerührt. Er würde Athen für immer verlassen, in der Verbannung einen einsamen Tod suchen.

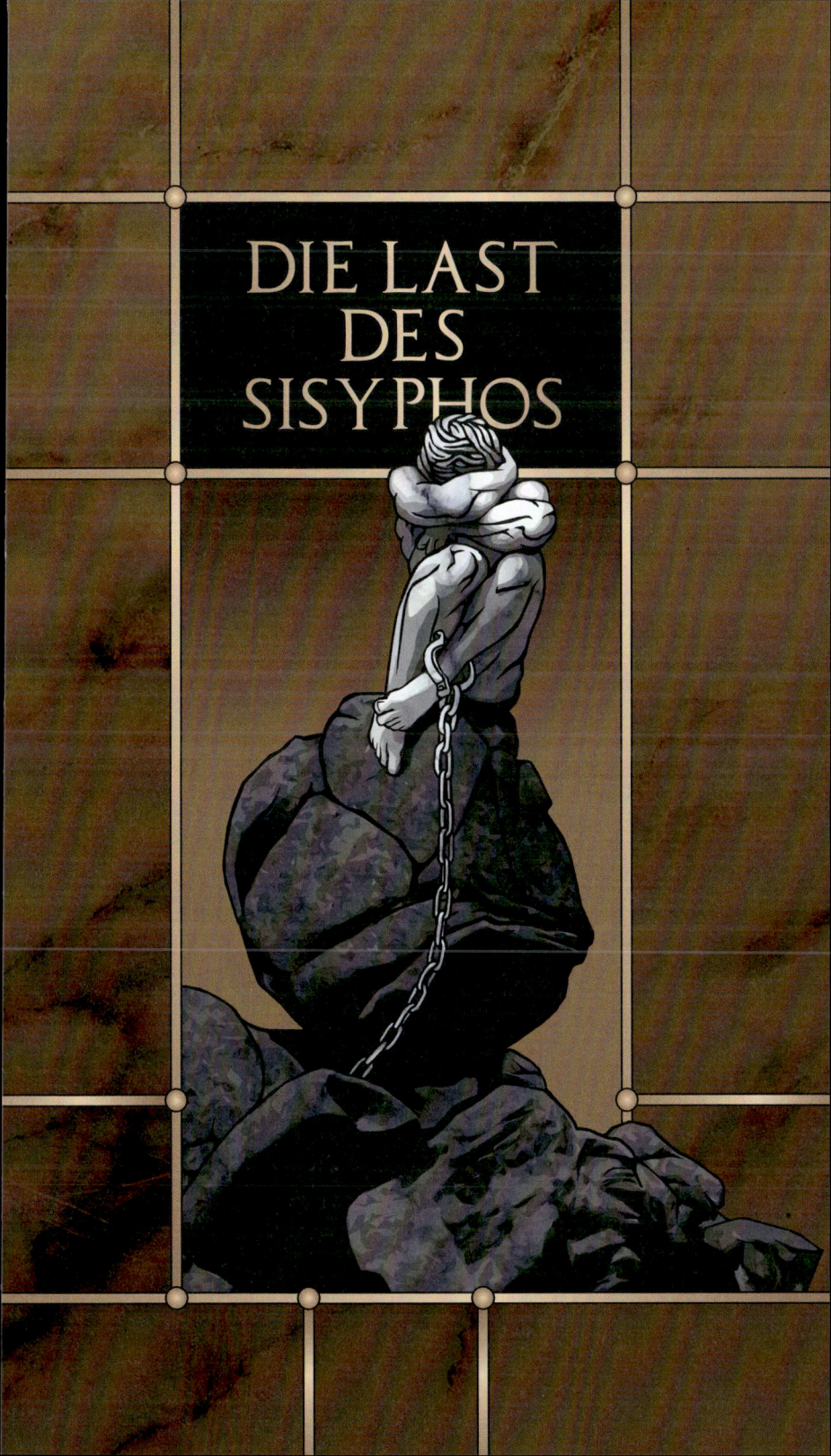

DIE LAST
DES
SISYPHOS

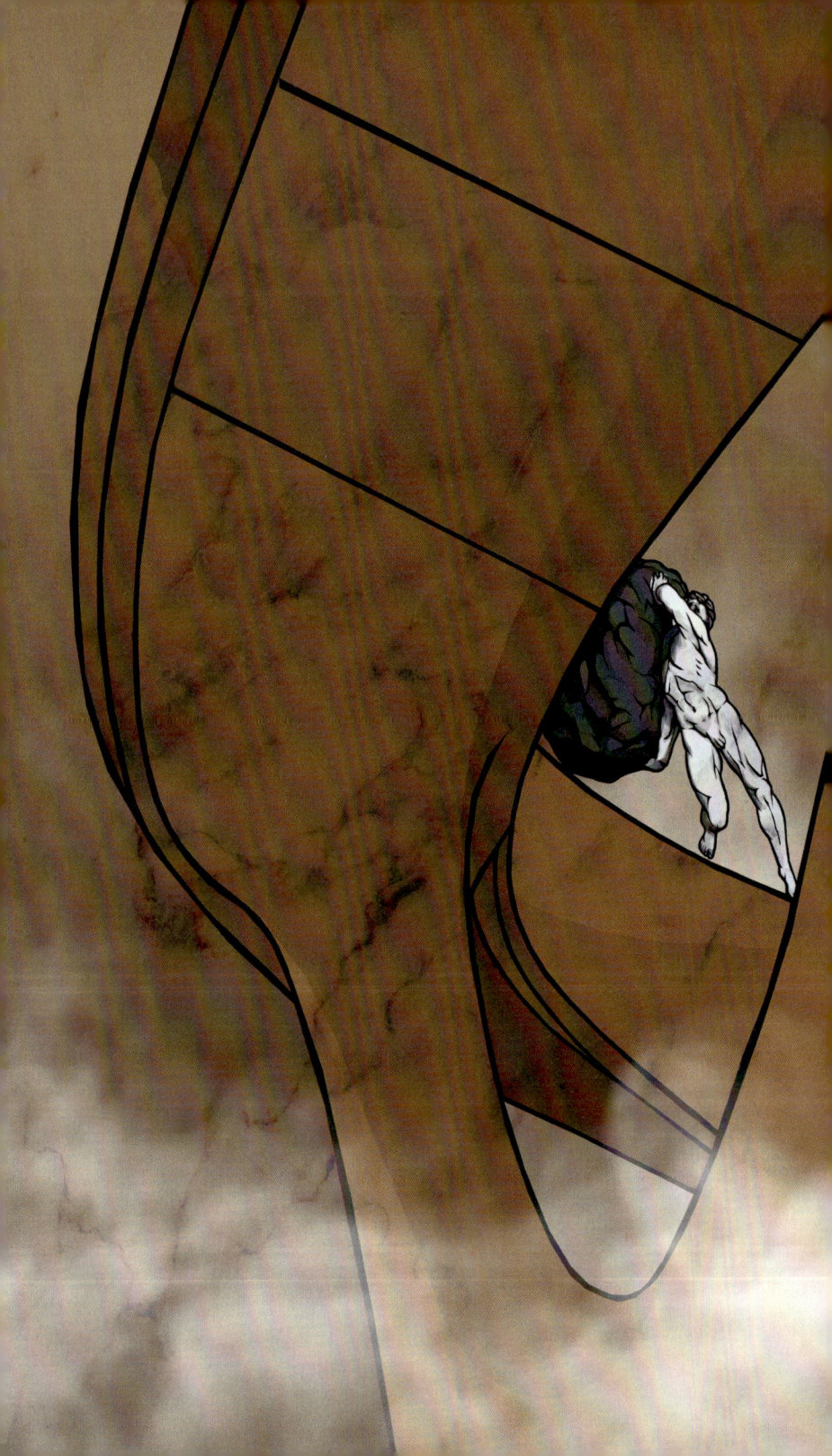

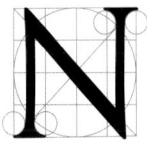ur ein einziger schmaler Landstreifen verbindet die Halbinsel Peloponnes mit dem griechischen Festland. Wenn ein Händler eine Fracht von Patras nach Piräus zu befördern hatte, dann wählte er den schnelleren und weniger gefährlichen Weg durch den Golf von Korinth. Und ließ sich dann an der dortigen Landenge, dem Isthmus, einfach mit seinem Boot hinüberziehen in den Saronischen Golf, denn einen schiffbaren Kanal gab es nicht. An diesem Handelsweg gründete Sisyphos die Stadt Korinth, die zusammen mit Athen, Sparta oder Argos zu den ruhmreichsten Städten Griechenlands gehörte. Der Polis stand er viele Jahre als mächtiger König vor, bis ihm die Götter ihre Gunst entzogen. Was hatte sich der listenreiche und kluge Sisyphos zuschulden kommen lassen?

Die schöne Nymphe Aegina war einst von Zeus in Adlergestalt entführt und auf eine Insel verschleppt worden. Sisyphos hatte auf einem vor Korinth gelegenen Berg gestanden und es mit eigenen Augen angesehen. Und den Räuber an den verzweifelten Vater des Opfers, den Flussgott Asopos, und dessen Gemahlin Metope verraten. Zeus war außer sich vor Wut und befahl den Totengott Thanatos zu sich: »Verabreiche dem Frevler die ihm angemessene Strafe! Sisyphos wird dann nicht mehr vergessen, dass er uns – wie alle Menschen – Demut, Gefolgschaft und Dankbarkeit schuldet.« Sisyphos empfing Thanatos mit großer Höflichkeit und lud ihn ein, mit ihm Wein zu trinken und von seiner Reise auszuruhen. Der Tod antwortete: »Ich bin nicht gekommen, um ein Bacchanal zu veranstalten, sondern dich abzuholen in die Unterwelt.« Sisyphos aber verwickelte ihn in ein Gespräch, bat ihn, ihm seine berühmten geflochtenen Knoten zu zeigen. Schließlich packte er den Thanatos mit festem Griff, fesselte ihn in seinem eigenen Gespinst und warf ihn in ein Verlies. Zeus' Zorn steigerte sich: Der Tod außer Dienst und auf der Erde kein Mensch mehr, der sterben konnte? Er bat seinen Sohn Ares, den Herrn des Krieges, nach Korinth zu eilen und Thanatos zu befreien. Ares stürmte davon. Wie hätte man auch fortan Kriege führen können, wenn dabei niemand mehr zu Tode kam?

Ares nahm den direkten Weg, ließ sich auf keine Finten ein. Er riss Thanatos die Fesseln ab, packte Sisyphos und schleifte ihn gewaltsam in die Unterwelt, das Reich von Hades und Persephone. Hier sollte Sisyphos den Qualen der Hölle zugeführt werden. Der aber hatte Vorsorge getroffen und seiner Gemahlin Merope verboten, für ihn ein Totenopfer darzubringen oder eine feierliche Bestattungszeremonie vorzunehmen. Und ohne Opfergabe und Ritus war eine Aufnahme in das Reich der Schatten nicht möglich! So mussten sie Sisyphos wieder ziehen lassen aus dem Schattenreich. Er feierte alsbald seine »Wiederauferstehung« in Korinth, lästerte bei dem Fest über die Dummheit der Götter. Nun war das Maß voll. Sisyphos wurde zurück in die Unterwelt gebracht, wo er unter der Aufsicht Persephones seine Straftaten sühnte: verdammt, einen gewaltigen Marmorblock auf einen Berg zu wälzen, der, sobald er den Gipfel erreichte, wieder herabrollte, der hernach wieder nach oben gewuchtet werden musste, wieder herabrollte ...

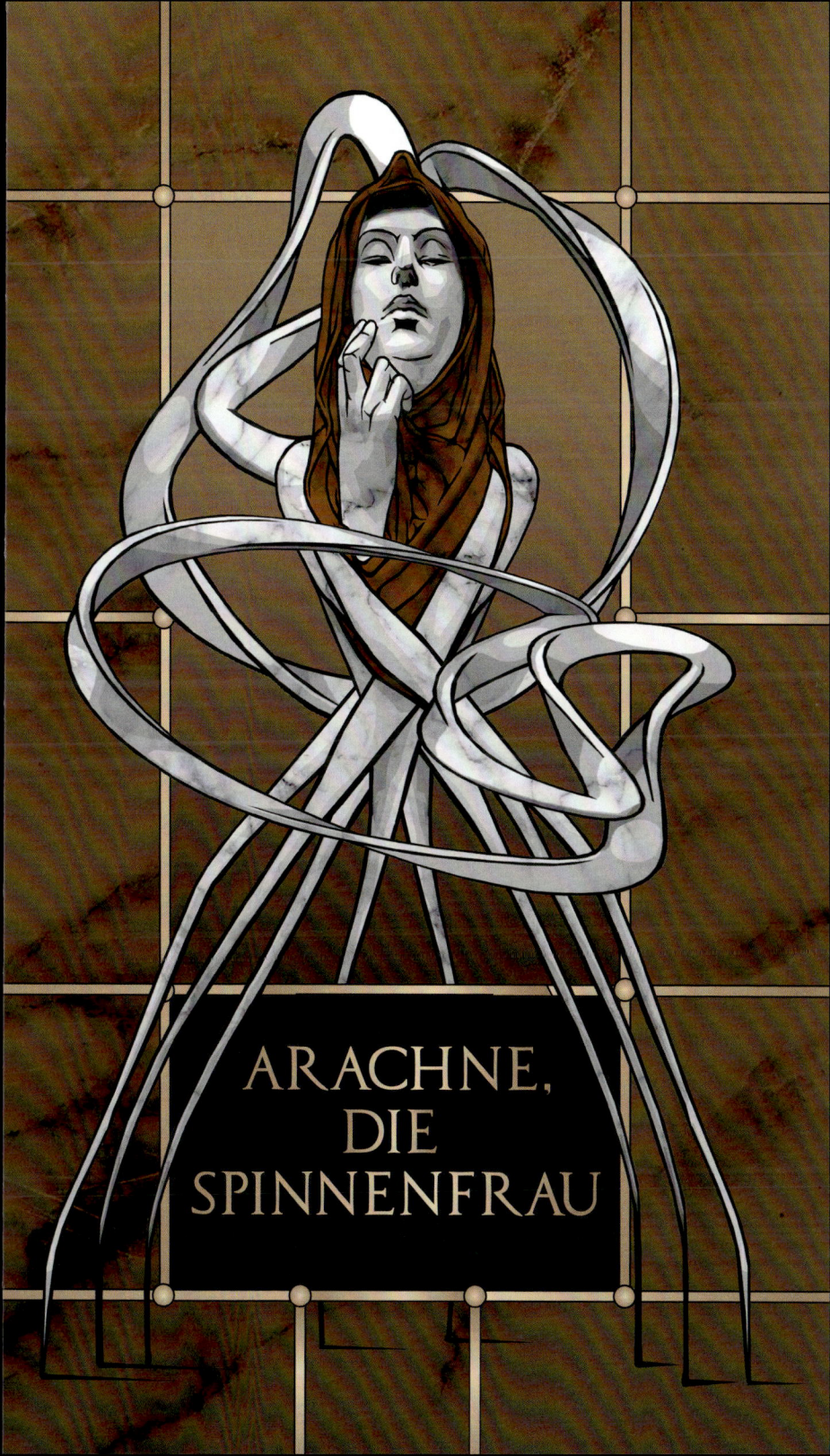

ARACHNE,
DIE
SPINNENFRAU

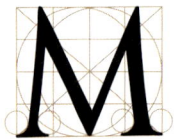it der Krappwurzel kann man Stoffe purpurrot einfärben, die Pflanze wächst beinahe überall im östlichen Mittelmeerraum. Arachne kannte sich schon als Kind mit dem Färben und Weben aus, ihr Vater war ein berühmter Färber gewesen, ihre Mutter eine Meisterin am Webstuhl. Als junge Frau richtete sie sich bald selbst eine eigene Werkstatt in Hypaipa ein, einer kleinen Stadt an der lydischen Küste in Kleinasien. Und schon bald rühmte man von Smyrna bis Ephesos ihre Webkünste, denn Arachne war nicht nur fleißig, sondern übertraf auch alle Weberinnen durch die Schönheit ihrer Stoffe. Ihre Gewebe waren von wundervoller Gleichmäßigkeit, zeigten fantasievolle Muster und Farben, die man nirgends sonst finden konnte. Ganz gleich, in welcher Technik sie arbeitete, Arachnes Teppiche, Tücher und Stoffe waren einzigartig! Man raunte, sie wäre bei der Göttin Athene in die Lehre gegangen. Wenn Arachne das Gerede zu Ohren kam, wurde sie wütend: »Was ich an meinem kleinen Handwebstuhl zuwege bringe, habe ich mir selbst bei gebracht oder von meinen Eltern abgeschaut. Ich bin bei keiner Göttin in die Lehre gegangen. Wenn sich Athene mit mir messen würde, dann könnte jeder sehen, wer die Meisterin des Webens ist und wer wem etwas beibringen könnte!«

Die Leute in Hypaipa erschraken. Durfte man die Götter so herausfordern? Arachnes Stolz jedenfalls blieb auch Athene nicht verborgen und sie beschloss, die Weberin selbst aufzusuchen und zur Rede zu stellen. Sie nahm die Gestalt einer Greisin an, färbte ihr Haar eisgrau, trat in Arachnes Stube und sagte: »Ich habe gehört, du stellst deine Werke über die der herrlichen Pallas Athene? Lass davon ab, deine Tücher sind wunderbar anzuschauen, aber Athene solltest du um Verzeihung bitten, den Göttern muss man mit Demut begegnen.« Arachne antwortete kühl: »Ich weiß nicht, Alte, was du da redest. Wenn Athene mir überlegen ist, dann soll sie doch zu einem Wettstreit mit mir antreten. Und der wird nicht zu ihren Gunsten ausgehen.« »Nun, dies werden wir sehen, du Törichte«, entgegnete die Göttin finster und offenbarte sich ihr. Die Frauen in der Werkstatt knieten nieder und huldigten Athene, Arachne aber war gänzlich unbeeindruckt und holte zwei Webstühle herbei: »Lass uns nur gleich mit dem Wettkampf beginnen.«

In rasender Geschwindigkeit entstanden nun zwei große gewebte Bildwerke. Athene schuf eine Szene aus dem Leben der olympischen Götter, die Geschichte ihres eigenen heroischen Kampfes mit dem Meergott Poseidon um die Stadt Athen. Und hinein wirkte sie weitere Erzählungen, allesamt liebevoll ausgeführt bis in winzige Details. Dazu verwendete sie edelste Stoffe und Fäden, selbst Gold- und Purpurfäden wurden in den gewaltigen Bildteppich eingearbeitet. Und Arachne? Athene musste insgeheim zugeben, dass sie ihr ebenbürtig, wenn nicht sogar überlegen war. Auch an ihrem Webstuhl entstand ein gewaltiger Bildkosmos mit Mythen und Geschichten aus hauchdünnen Fäden, makellos verarbeitet und geschmückt mit kostbaren Stickereien. Arachne stellte die Sagen der Götter realistisch, ohne Überhöhung oder Ehrfurcht dar, selbst das Liebesleben des Göttervaters wurde in den Bildern ihres Gewebes ironisch kommentiert. Damit aber hatte sie den Bogen überspannt, Athene bis aufs Blut gereizt. »Wenn dir die Einsicht und der Respekt fehlen, so wirst du nun Bekanntschaft mit dem Zorn der Götter machen!« Und Athene zerstörte mit wuchtigen Messerhieben Arachnes filigranes Werk, schlug ihr mit dem Weberschiffchen ins Gesicht: »Wer die Götter versucht, wird ihre Strafe auch körperlich zu spüren bekommen!« Arachne wurde gewahr, dass sie diesen Wettbewerb nicht gewinnen konnte, große Angst vor dem Jähzorn Athenes erfasste sie. Eine noch strengere Bestrafung würde sie nicht ertragen. Es wäre dann besser, tot zu sein. Sie nahm ihren stärksten

Wollfaden, wand daraus eine Schlinge und legte sie sich um den Hals. Athene aber besprühte sie mit dem Gift des Eisenhuts, verwandelte sie in eine Spinne, den Wollfaden in ein Spinngewebe und sprach: »Du sollst leben, aber hängen und spinnen sollst du weiterhin, du und all deine Kinder und Kindeskinder!«

MIDAS
IM
GOLD=
RAUSCH

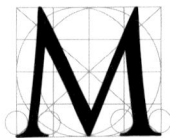idas konnte den Hals nicht vollkriegen. In seinem Königspalast in Gordion hatte er schon gewaltige Reichtümer angehäuft, aber sie reichten ihm nicht aus. Mehr und immer noch mehr wollte er besitzen. Er wollte nicht nur der reichste Mann Phrygiens oder Anatoliens sein, sondern der ganzen Welt. Mit Verstandeskräften war er hingegen weniger gesegnet. Um hier Abhilfe zu schaffen, lauerte er dem Silenos im Wald auf, machte ihn betrunken und fesselte ihn. Silenos war ja der Weiseste der Weisen, man müsste ihm einfach nur seine Klugheit entreißen und sich selbst einpflanzen. Nur wie? Während Midas noch grübelte, erschien Dionysos und sprach: »Midas, ich vermisse meinen Ratgeber und Begleiter Silenos. Ich weiß, er befindet sich bei dir. Gib ihn umgehend frei und ich erfülle dir für deinen Gefallen einen Wunsch!« Da zögerte der Unersättliche nicht lange und antwortete: »Alles, was ich künftig berühre, möge zu Gold werden!«

Dionysos lächelte und Midas brach voller Vorfreude nach Hause auf. Unterwegs pflückte er einen Apfel, kaum hatte er ihn berührt, lag er goldglänzend in seiner Hand. Er öffnete das Palasttor und es begann zu gleißen wie die Mittagssonne. Seine kühnsten Träume schienen wahr zu werden. »Mit dem Gold wird alles möglich sein, bald bin ich der mächtigste Mensch auf dieser Erde.« Aber auch das Wasser, das ihm vor dem Mahl zum Händewaschen gereicht wurde, wurde zu einer goldenen Flüssigkeit. Und als er den mächtigen Kapaunbraten anschneiden wollte, schien plötzlich sein Messer stumpf geworden zu sein, konnte in die Keule nicht eindringen. Das Brot, das er zum Munde führen wollte, war nicht mehr essbar und der Wein, den er sich einschenken ließ, zerbrach sein edles Trinkgefäß, als er es an die Lippen führte. Midas saß wie erstarrt. Er würde künftig im Gold schwimmen können, aber trotzdem vor Hunger und Durst sterben müssen. Unter Tränen bat er Dionysos um Nachsicht für seinen leichtfertig geäußerten Wunsch: »Bitte nimm diesen Fluch des Goldes wieder von mir.« Der Gott lächelte wieder. »Gehe zum nächsten Fluss, folge seinem Lauf bis zur Quelle und spring dort ins Wasser, bade und reinige dich von deiner krankhaften Habgier!« Rasch befolgte Midas seinen Rat und der Fluch wich von ihm. Nur der Fluss Paktolos schimmert seit diesem Tag golden.

Von seiner Torheit aber war Midas nicht geheilt worden. Eines Tages wurde ein Wettstreit ausgetragen zwischen Pan, dem Schutzherrn der Hirten, und dem Zeussohn Apollon, wer wohl auf seinem Instrument die schöneren Melodien hervorbrächte. Midas schlug sich sogleich auf die Seite des bocksbeinigen Gottes. Dessen Spiel auf der Syrinx klang zwar barbarisch in den Ohren des übrigen Auditoriums, aber Midas applaudierte. Als Apollon die Leier zu schlagen begann, war das Publikum wie hypnotisiert. Nie hatte man süßere Töne vernommen. Die Entscheidung fiel den Richtern leicht, der Siegeslorbeer wurde Apollon zugesprochen. Nur einer widersprach, Midas: »Pan steht der Sieg zu, revidiert eure Entscheidung!«, rief er dem Richtergremium zu. Da trat Apollon zu ihm und sagte: »Solche Ohren können eigentlich keine menschlichen sein«, berührte Midas' Kopf und dessen Ohren begannen sich zu recken und zu strecken, wuchsen steil empor, wurden grau und haarig: Midas stand da wie ein Esel!

Was für eine Schande! Eilig versuchte Midas, seine Ohren zu verbergen, wickelte einen Turban um sein Haupt und verließ den Schauplatz. Dem Diener, der ihn täglich rasierte, konnte er die Missbildung aber nicht verbergen. Midas drohte ihm furchtbare Strafen an, wenn er nicht schweige. Aber das Geheimnis war für den armen Barbier zu groß, um es in sich zu verschließen. So begab sich sein Diener schließlich ans Flussufer, hob eine Grube aus und schrie hinein: »Unser König hat Ohren wie ein Esel!« Und hoffte, sein Gewissen nun erleichtert

zu haben. Niemand hatte seinen Schrei gehört, nur die Schilf-
rohre wiegten sich im Wind und rauschten und wisperten.
Und seitdem sind die Eselsohren des Midas kein Geheimnis
mehr, sondern eine Binsenweisheit.

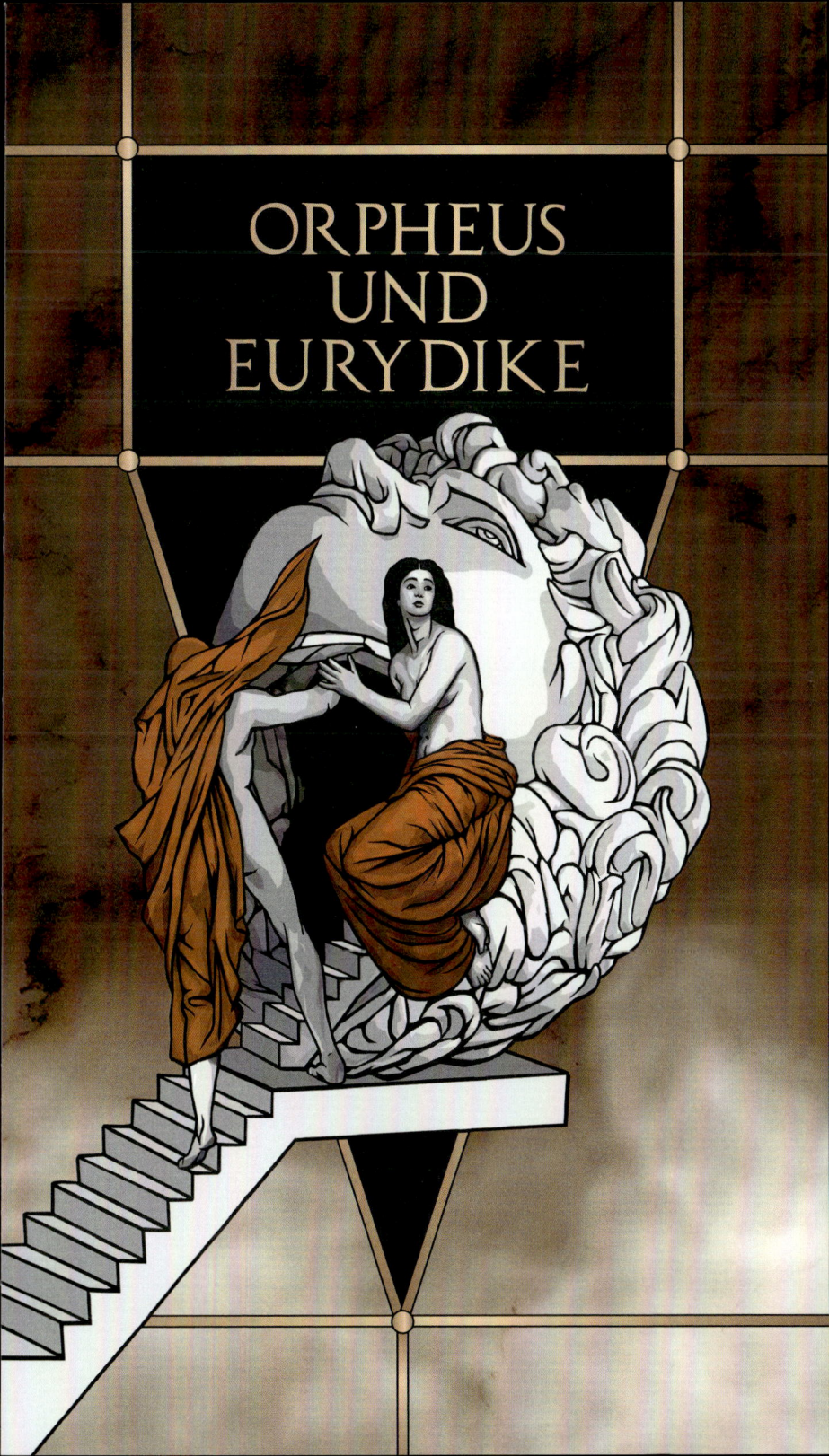

ORPHEUS
UND
EURYDIKE

Auf Orpheus hatten die Argonauten auf ihrer gefährlichen Reise zum Schwarzen Meer nicht verzichten wollen. Wenn er am Bug des Schiffes stand und zur Lyra sang, hatten sich selbst die Stromschnellen am Hellespont beruhigt, die Katarakte waren friedlicher Meeresstille gewichen.

Schon als Kind war Orpheus, Sohn eines Flussgottes und der Muse Kalliope, mit seiner Musik und seiner Dichtkunst aufgefallen. Der kunstsinnige Apollon hatte ihn eigens in Thrakien, Orpheus' Heimat im Nordwesten Griechenlands, aufgesucht und ihm ein Saiteninstrument aus seinem Besitz überlassen. Sobald der Sänger sie stimmte und zu musizieren begann, lauschten alle, die in der Nähe waren, seinem Vortrag und schwiegen, erfüllt von Orpheus' Musik. Die Bäume neigten ihre Wipfel, selbst wilde Tiere kamen herbei, um den wundervollen Tönen zu lauschen. Es gab keine Thrakerin, die ihn nicht bewunderte und für ihn schwärmte, sein Herz indes gehörte nur einer Frau, der schönen Nymphe Eurydike, die seine Gefühle zärtlich erwiderte. Ihr gemeinsames Glück währte aber nur kurz. Unerwartet traf den vom Erfolg verwöhnten Götterliebling ein jäher Schicksalsschlag: Schon bald nach ihrer Hochzeit, Eurydike war mit ihren Freundinnen auf dem Lande unterwegs, wurde sie von Aristaios, dem Gott der Bienen und Imker, belästigt, bedrängt und verfolgt, trat auf der Flucht im Gras auf eine giftige Schlange, wurde von ihr gebissen und starb noch an Ort und Stelle. Orpheus war außer sich vor Schmerz und Trauer. Seine fröhlichen Gesänge verstummten. Nur noch Lieder der Klage über den plötzlichen und nicht fassbaren Tod seiner Gefährtin kamen ihm über die Lippen, die Menschen und Tiere trauerten mit ihm. Zeit verging, aber die tiefe Wunde in seiner Seele wollte nicht heilen, seine Trauer und sein Leid schienen niemals zu enden. Wie weiterleben ohne Eurydike? Orpheus fand darauf keine Antwort und fasste schließlich einen Entschluss: Er musste sie in der Unterwelt aufsuchen, dort befreien und heimholen.

Dies war nun eine ganz andere Reise als jene nach Kolchis zum Goldenen Vlies. Die Unterwelt war für die Menschen nicht zugänglich, von der Welt der Sterblichen aus zwar bestenfalls erreichbar, der Zutritt hingegen nicht möglich. Dennoch brach Orpheus auf in der Hoffnung, dass seine große Liebe zu Eurydike alle Hindernisse überwinden könne. In der Unterwelt, dem Erebos, herrschten Hades, Zeus' Bruder, und dessen Gattin Persephone als Königspaar über das Reich der Schattenwesen, die asphodelischen Wiesen, den Strom des Vergessens, das Elysion und den Höllengrund, den Tartaros. Der Eingang zu dieser höhlenartigen Unterwelt lag am Ufer des gewaltigen Okeanos am Ende der den Menschen bekannten Welt. Wer in dieses Reich der Schatten hätte eindringen wollen, hätte zunächst den Totenfluss Styx zu überwinden, der die Unterwelt siebenmal umfließt. Als Orpheus nach langer Fahrt tatsächlich am Höhleneingang der Unterwelt auf Charon, den gewaltigen Fährmann am »Wasser des Grauens«, stieß, der die Toten sonst gegen einen Obolus zum Hades übersetzte, waren es wieder seine anrührenden Lieder, die Charon die ehernen Gesetze des Erebos vergessen ließen, und er manövrierte Orpheus über den Styx. Am Eingang in das unterirdische Reich der Toten wartete nun der unüberwindbare Höllenhund Kerberus, ein dreiköpfiges Monster, das jedem Eindringling den Zutritt verwehrte. Doch Orpheus bannte auch diesen Wächter mit seinem hypnotischen Gesang, konnte mühelos eintreten und stieg die Treppen hinab in die Finsternis des Totenreiches, bis er schließlich vor dem Thron von Hades und Persephone stand. Hier erneuerte Orpheus seine Klage um die geliebte Eurydike, beschwor ihr Andenken in Liedern: »Ich flehe euch an, bitte gebt mir Eurydike zurück, ich kann ohne sie nicht weiterleben!« Die Fürsten der Unterwelt lauschten seinen Worten, den in diesen Katakomben nie zuvor gehörten Klängen. Die Magie seiner Musik verfehlte auch am freudlosesten aller Orte nicht ihre Wirkung und sie verspürten Mitleid mit dem gebrochenen Mann, der vor ihnen stand und sang. Persephone winkte schließlich den Schatten Eurydikes herbei und sprach: »Höre, Orpheus, wir wollen deinem Wunsch entsprechen. Nimm Eurydike, führe sie hinaus aus der Welt der Toten, aber vernimm unsere Bedingung: Schau dich nicht um, bevor du den Hades verlassen hast! Sonst wirst du deine Geliebte für immer verlieren.«

Orpheus schwieg, nur sein Herz schlug ihm bis zum Halse. Im Dunkeln stiegen Eurydike und er nun empor, um den höllischen Ort hinter sich zu lassen, Orpheus eilig voran, seine geliebte Frau mühsam und langsam hinterher. Beide sprachen immer noch kein Wort. Endlich tauchte am Ende der finsteren und gewundenen Gänge ein Licht auf, das musste der Höhlenausgang sein! Orpheus' Bedrückung begann nachzulassen. Aber war Eurydike noch bei ihm? Er hörte sie überhaupt nicht mehr, noch nicht einmal ihren Atem! Namenlose Angst erfasste ihn, er war wie von Sinnen – und blickte über die Schulter zurück. Im gleichen Moment wusste er, dass er sie nicht wiedersehen würde. Eurydikes Schatten entschwand wie ein Schemen in dem dämmrigen Labyrinth der Unterwelt, der Sänger stand wie versteinert am Styx und hatte Mühe zu begreifen, was ihm gerade widerfahren war. Vergeblich beschwor er Charon, ihm erneut Einlass zu verschaffen und ihn hinabsteigen zu lassen. Wie ein Dieb wurde er vom Kerberus von dannen gejagt. Gebrochen und vor Schmerz wie gelähmt, kehrte Orpheus nach Thrakien heim, sang, kaum hörbar, seine traurigen Lieder, zog sich schließlich mehr und mehr in sich selbst zurück. Er verstand die Welt nicht mehr und für die Menschen, die ihn umgaben, war auch er ein Rätsel geworden. Ein zufälliger und sinnloser Tod ereilte ihn nun. Aufgebracht durch seine monotonen, kaum verständlichen, aber nicht enden wollenden Klagegesänge, erschlug ihn eine erregt zusammengelaufene Menschenmeute. Das Ende des Sängers war ruhmlos, aber endlich konnte seine ruhelose Seele Frieden finden, übergehen in das ewige Schattenreich und sich dort, im Reich der Toten, mit Eurydike wiedervereinen.

PHILEMON UND BAUKIS' UNENDLICHE LIEBE

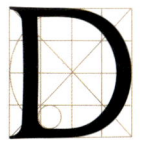ie Götter hatten die Menschen nach ihrem Bilde erschaffen, aber befolgten sie auch die göttlichen Gesetze? Einst waren Zeus und sein Sohn Hermes auf der Erde unterwegs, um sich selbst ein Bild davon zu machen, ob das heilige Gastrecht von den Menschen geachtet würde. Als einfache, sterbliche Wanderer verkleidet, streiften sie über das Land. Als es zu dämmern begann, begannen sie ihre Suche nach einem Obdach für die Nacht. Doch an allen Türen, an denen sie anklopften, wies man sie ab. Viele Ausreden und Entschuldigungen drangen zu Zeus' Ohren, vor vielen Pforten warteten sie gänzlich vergebens, dass man ihnen öffnete. Beim letzten Haus am Stadtrand, einer ärmlichen, nur mit Stroh gedeckten Hütte, hatten sie die Hoffnung auf ein karges Abendmahl und ein Nachtlager längst aufgegeben: »Warum sind die Menschen so wenig gastfreundlich?«

Da trat Baukis, an Jahren schon eine Greisin, über die Schwelle der Hütte, hieß sie freundlich eintreten und fragte nach ihren Wünschen. Ihr Gefährte Philemon näherte sich gleichfalls, brachte Stühle herbei und entfachte ein kleines wärmendes Feuer. »Wer seid ihr?«, fragte der Götterbote Hermes, »womit bestreitet ihr euren Lebensunterhalt?« Baukis gab gerne Auskunft. Sie lebten schon viele Jahre zusammen, seien leider nicht mit Kindern gesegnet, aber dennoch sehr glücklich. »Für unsere Armut schämen wir uns nicht, ein kleiner Garten hinter dem Haus versorgt uns mit dem zum Leben Notwendigen. Und wir hoffen, dass das Schicksal es weiterhin gut mit uns meint, so dass wir eines Tages in Frieden aus der Welt scheiden können.« Derweil tischte sie Oliven, Brot und Öl auf, brachte Salat, Käse und ein kleines Stück Rauchfleisch, das sie in ihrer Speisekammer aufbewahrt hatten. Philemon holte dazu eine schmale Amphore mit Wein und frischen Honig. Die müden Wanderer ließen sich nun nicht lange bitten und griffen zu. Auch dem einfachen Landwein sprachen sie ordentlich zu. Seltsam war nur, dass die Amphore nicht zur Neige ging, es war, als fülle sie sich immer wieder von selbst.

Als es dunkel war, sagte Baukis: »Bitte seht uns nach, dass wir euch keine komfortablere Bettstatt bieten können als unsere eigene.« Da entgegnete ihr Zeus: »Verlasst nun euer Heim und folgt uns auf den nahe gelegenen Berg, damit unser Strafgericht keine Unschuldigen trifft.« Da erkannten Philemon und Baukis, dass sie Götter beherbergt hatten, und baten, die Menschen zu verschonen. Aber als sie sich auf der Anhöhe umwandten, hatte bereits eine gewaltige Flutwelle die ganze Stadt unter sich begraben. Vor ihnen erhob sich ein Tempel aus glänzendem Marmor. »Hier sollt ihr ab jetzt wohnen«, verkündete ihnen der Göttervater. Das greise Paar neigte die Köpfe und dankte: »Wir wollen dort wie Priester leben und das Andenken der Götter pflegen.« Dies wurde ihnen gewährt und sie lebten noch viele Jahre still und gottesfürchtig in ihrem neuen Haus. Und als die Stunde ihres Todes gekommen war, verwandelten sie die Götter in eine Linde und einen Eichenbaum, die ganz dicht beieinanderstanden.

EDITORISCHE NOTIZ

»Sage mir, Muse, die Taten …«
Homer, Odyssee

Die Nacherzählungen der griechischen Sagen dieser Ausgabe folgen im Wesentlichen den Texten der im angehängten Literaturverzeichnis aufgeführten Autoren, ausgehend von den ältesten erhaltenen literarischen Zeugnissen von Homer, Hesiod und den griechischen Tragödiendichtern. Berücksichtigt wurden gleichfalls spätere Weiterbearbeitungen der Stoffe wie etwa in den *Argonautika* des Apollonius, den Werken Apollodors, Pausanias' oder Ovids. Die hier getroffene Auswahl der Sagen für die vorliegende Buchausgabe ist aber ebenso subjektiv wie die Entscheidung für einzelne inhaltliche Akzente der unterschiedlichen Versionen der Mythenerzählungen.

VERWENDETE LITERATUR.
EINE AUSWAHL

Aischylos, Der gefesselte Prometheus/Die Schutzsuchenden, Übersetzung, Anmerkungen und Nachwort von Walther Kraus, Reclam Verlag, Ditzingen 1965

Apollodors mythologische Bibliothek, Die griechische Sagenwelt, übersetzt von Christian Gottlob Moser und Dorothea Vollbach, mit einem Nachwort von Ilse Becher, Dieterich, Leipzig 1991

Apollonius von Rhodos, Die Fahrt der Argonauten, Griechisch/Deutsch, herausgegeben, übersetzt und kommentiert von Paul Dräger, Reclam Verlag, Ditzingen 2002

Apuleius, Der goldene Esel. Metamorphosen, Lateinisch und Deutsch, herausgegeben und übersetzt von Edward Brandt und Wilhelm Ehlers, mit einer Einführung von Niklas Holzberg, Artemis Verlag (Sammlung Tusculum), München/Zürich 1989

Boethius, Trost der Philosophie, übersetzt und herausgegeben von Karl Büchner, mit einer Einleitung von Friedrich Klingner, Reclam Verlag, Ditzingen 1986

Diodor, Historische Bibliothek, übersetzt von Julius Friedrich Wurm, Metzler Verlag, Stuttgart 1827 - 1839

Euripides, Ausgewählte Tragödien in zwei Bänden, Griechisch/Deutsch, übersetzt von Dietrich Ebener, herausgegeben und erläutert von Bernhard Zimmermann, Artemis & Winkler Verlag (Sammlung Tusculum), Mannheim 2010

Euripides, Medea, Griechisch/Deutsch, übersetzt und herausgegeben von Karl Heinz Eller, Reclam Verlag, Ditzingen 1983

Herodot, Historien, übersetzt und herausgegeben von Kai Brodersen und Christine Ley-Hutton, Reclam Verlag, Ditzingen 2019

Hesiod, Theogonie, Griechisch/Deutsch, übersetzt und herausgegeben von Otto Schönberger, Reclam Verlag, Ditzingen 1999

Hesiod, Werke und Tage, Griechisch/Deutsch, übersetzt und herausgegeben von Otto Schönberger, Reclam Verlag, Ditzingen 1996

Homer, Illias, in Prosa übertragen von Karl Ferdinand Lempp, herausgegeben von Michael Schroeder, Insel Verlag, Frankfurt am Main und Leipzig 2009

Homer, Odyssee, in Prosa übertragen von Karl Ferdinand Lempp, herausgegeben von Michael Schroeder, Insel Verlag Frankfurt am Main und Leipzig 2009

Horaz, Sämtliche Werke, Lateinisch und Deutsch, herausgegeben von Bernhard Kytzler, Reclam Verlag, Ditzingen 1991

Longos, Daphnis und Chloë, übersetzt, mit Anmerkungen und einem Nachwort von Otto Schönberger, Reclam Verlag, Ditzingen 1996

Lukian, Gespräche der Götter und Meergötter, der Toten und Hetären, übersetzt und herausgegeben von Otto Seel, Reclam Verlag, Ditzingen 1967

Ovid, Metamorphosen, in der Übertragung von Johann Heinrich Voß, mit den Radierungen von Pablo Picasso und einem Nachwort von Bernhard Kytzler, Insel Verlag, Frankfurt am Main und Leipzig 1990

Ovid, Liebeskunst/Ars amatoria, Lateinisch/Deutsch, übersetzt und herausgegeben von Michael von Albrecht, Reclam Verlag, Ditzingen 1992

Pausanias, Beschreibung Griechenlands. Ein Reise- und Kulturführer aus der Antike, ausgewählt, übersetzt und mit einem Nachwort von Jacques Laager, Manesse Verlag, Zürich 1998

Platon, Symposion, Griechisch/Deutsch, übersetzt und herausgegeben von Thomas Paulsen und Rudolf Rehn, Reclam Verlag, Ditzingen 2006

Plutarch, Theseus, übersetzt von Johann Friedrich Kaltwasser, herausgegeben von Otto Güthling, Reclam Verlag, Leipzig 1900

Gustav Schwab, Sagen des klassischen Altertums, Insel Verlag, Berlin 2011

Seneca, Medea, Lateinisch/Deutsch, übersetzt und herausgegeben von Bruno W. Häuptli, Reclam Verlag, Ditzingen 1993

Sophokles, König Ödipus, Griechisch/Deutsch, Übersetzung von Karl Steinmann, herausgegeben und mit einem Nachwort von Horst-Dieter Blume, Reclam Verlag, Ditzingen 1999

Statius, Thebais, herausgegeben von Alfred Klotz und Thomas C. Klinnert, Bibliotheca scriptorium Graecorum et Romanorum Teubneriana, Verlag de Gruyter, Berlin 2001

Vergil, Georgica/Vom Landbau, Lateinisch/Deutsch, übersetzt und herausgegeben von Otto Schönberger, Reclam Verlag, Ditzingen 1994

4. Auflage 2024. © Insel Verlag Anton Kippenberg GmbH & Co. KG, Berlin, 2022. Alle Rechte vorbehalten. Wir behalten uns auch eine Nutzung des Werks für Text und Data Mining im Sinne von § 44 b UrhbG vor. Bezugspapier: Burkhard Neie, Berlin. Gesetzt in der Schrift Minion Pro. Gedruckt auf holzfreies, alterungsbeständiges mattgestrichenes Papier der Firma Inapa, Hamburg, von der Memminger MedienCentrum AG, Memmingen. Gebunden in Fadenheftung von der Josef Spinner Großbuchbinderei GmbH, Ottersweier. Dieses Buch wurde klimaneutral produziert: climatepartner.com/14438-2110-1001. Printed in Germany. Erste Auflage 2022. ISBN 978-3-458-20049-9. www.insel-verlag.de